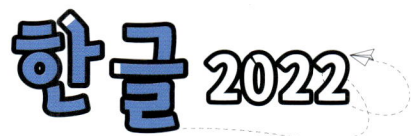

16차시 플러스 8차시 더!

초판 발행일 | 2024년 12월 10일
지은이 | 해람북스 기획팀
펴낸이 | 최용섭
총편집인 | 이준우
기획진행 | 김미경
표지디자인 | 김영리

주소 | 서울시 용산구 한남대로 11길 12, 6층
문의전화 | 02-6337-5419
팩스 | 02-6337-5429
홈페이지 | https://class.edupartner.co.kr

발행처 | ㈜미래엔에듀파트너
출판등록번호 | 제2020-000101호

ISBN 979-11-6571-217-4 13000

이 책은 저작권법에 따라 보호받는 저작물이므로 무단전재와 무단복제를 금지하며, 이 책 내용의 전부 또는 일부를
이용하려면 반드시 저작권자와 ㈜미래엔에듀파트너의 서면동의를 받아야 합니다.

※ 잘못된 책은 바꾸어 드립니다.
※ 책 가격은 뒷면에 있습니다.

상담을 원하시거나 아이가 컴퓨터 수업에 참석할 수 없는 경우에 아래 연락처로 미리 연락주시기 바랍니다.

★ 컴퓨터 선생님 성함 : _____　　★ 내 자리 번호 : _____

★ 컴퓨터 교실 전화번호 : _____

★ 나의 컴교실 시간표　요일 : _____　시간 : _____

※ 학생들이 컴퓨터실에 올 때는 컴퓨터 교재와 필기도구를 꼭 챙겨서 올 수 있도록 해 주시고, 인형, 딱지, 휴대폰 등은 컴퓨터 시간에 꺼내지 않도록 지도 바랍니다.

시간표 및 출석 확인란입니다. 꼭 확인하셔서 결석이나 지각이 없도록 협조 바랍니다.

_____ 월

월	화	수	목	금

시간표 및 출석 확인란입니다. 꼭 확인하셔서 결석이나 지각이 없도록 협조 바랍니다.

_____ 월

월	화	수	목	금

시간표 및 출석 확인란입니다. 꼭 확인하셔서 결석이나 지각이 없도록 협조 바랍니다.

_____ 월

월	화	수	목	금

나의 타자 단계

이름 : _____

⭐ 오타 수가 5개를 넘지 않는 친구는 선생님께 확인을 받은 후 다음 단계로 넘어가서 연습합니다.

자리 연습	1단계	2단계	3단계	4단계	5단계	6단계	7단계	8단계
보고하기								
안보고하기								

낱말 연습	1단계	2단계	3단계	4단계	5단계	6단계	7단계	8단계
보고하기								
안보고하기								

자리연습	1번 연습	2번 연습	3번 연습	4번 연습	5번 연습	6번 연습	7번 연습	8번 연습
10개 이상								
20개 이상								
30개 이상								

이 책의 순서

한글 2022

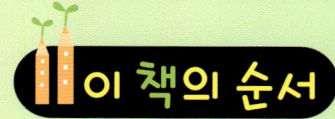

- **01** 단군신화 속으로! ······ 6
- **02** 알에서 태어난 왕은? ······ 11
- **03** 영토대장 광개토대왕 ······ 17
- **04** 전통 음악의 왕, 백결선생 ······ 21
- **05** 장보고의 해상왕국시대! ······ 26
- **06** 홍길동이 나가신다! ······ 31
- **07** 김유신의 삼국통일시대! ······ 37
- **08** 일편단심 충신 정몽주 ······ 43
- **09** 문익점의 목화씨 ······ 47
- **10** 신사임당의 자연 도화지 ······ 53
- **11** 조선의 해양 영웅 이순신 ······ 58
- **12** 글자 하나로 세상을 바꾼 왕 ······ 64
- **13** 용기로 세상을 바꾼 안중근 ······ 69
- **14** 조선 미녀 시인 황진이 ······ 74
- **15** 최고의 명필! 한석봉 ······ 79
- **16** 김정호의 대동여지도 ······ 84
- 솜씨 어때요? ······ 89

01 단군신화 속으로!

학습목표
- 한글을 한자로 변경하고 영어를 입력해요.
- 작성한 문서를 저장해요.

▶ 완성 파일 : 01_단군신화(완성).hwpx

톡톡! 단군신화

옛날 옛적, 하늘의 신 환인의 아들 환웅은 지상으로 내려와 숲에서 곰과 호랑이를 만났어요. 곰과 호랑이는 인간이 되고 싶어했고, 환웅은 그들에게 100일 동안 햇빛을 보지 않고 마늘과 쑥만 먹고 지내면 인간이 되게 해주겠다고 했어요. 호랑이는 20일만에 동굴 밖으로 뛰쳐 나갔지만 곰은 끝까지 견뎌내어 웅녀로 환생했어요. 웅녀는 환웅과 결혼해 아들 단군을 낳았고, 단군은 고조선을 세웠답니다.

미션 1 글자를 입력하여 문서를 만들어 보아요.

1 [윈도우 로고 키(⊞)]-[한글 2022] 메뉴를 클릭하여 한글 2022 프로그램을 실행한 후 [새 문서]를 클릭하고 그림과 같이 글자를 입력합니다.

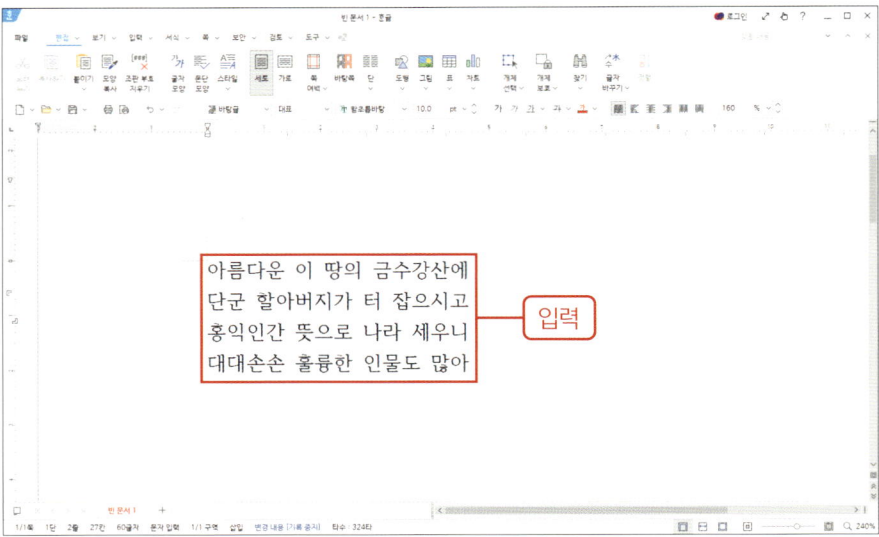

 **미션 2** 새로운 문서를 실행하고 한자를 입력해 보아요.

❶ 문서 하단의 [새 탭(+)]을 클릭하여 새로운 '빈 문서'를 실행하고 그림과 같이 글자를 입력합니다.

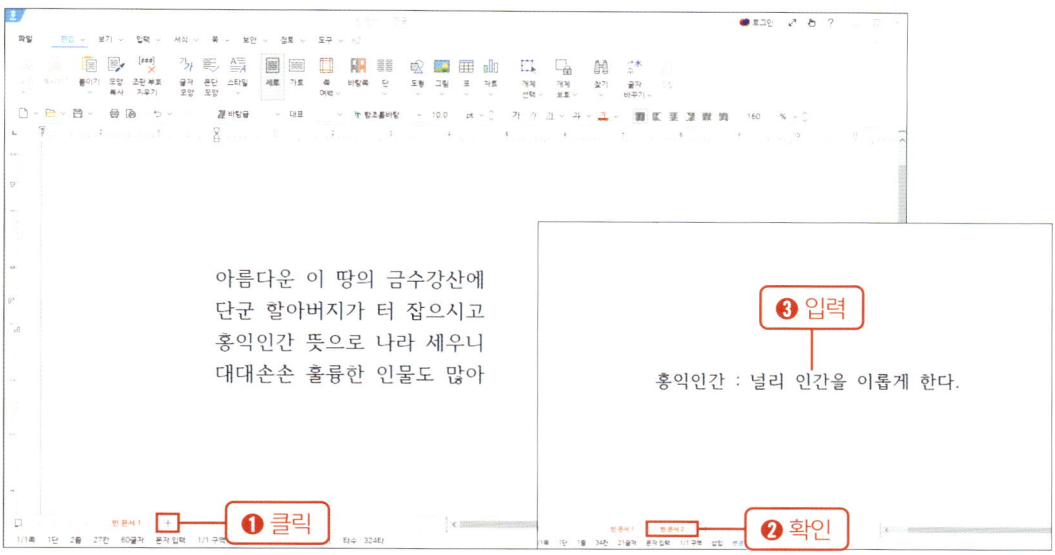

❷ '홍익인간' 글자를 드래그하여 블록 지정하고 [파일] 탭-[글자 바꾸기(🈯)]-[한자로 바꾸기]를 클릭하여 [한자로 바꾸기] 대화상자가 나타나면 변환할 한자를 선택한 후 [한글(漢字)]에 체크하고 [바꾸기] 단추를 클릭합니다.

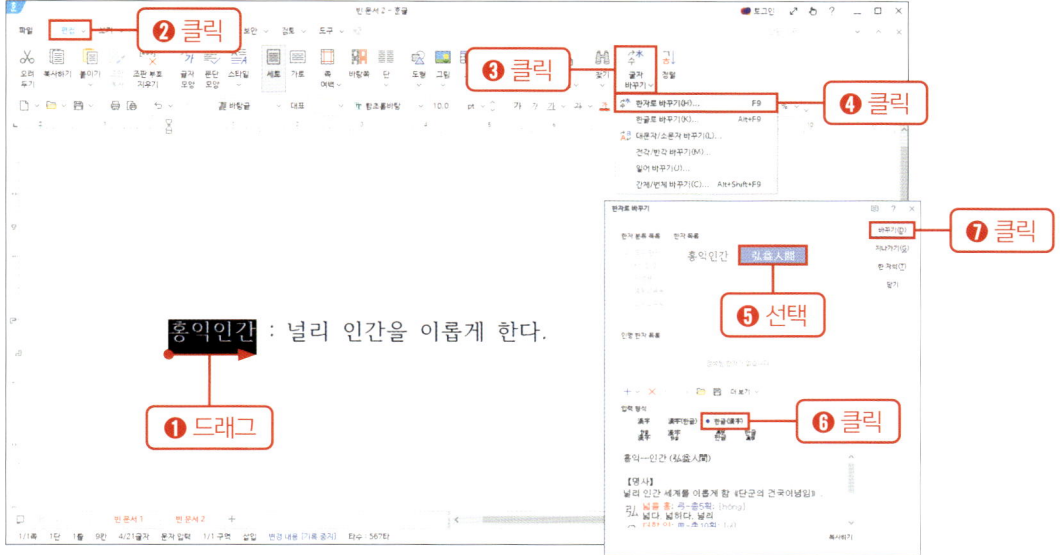

01 · 단군신화 속으로! 7

 **미션 3** 영어를 입력하고 문서를 저장해 보아요.

① 문서 하단의 [새 탭(+)]을 클릭하여 새로운 '빈 문서'를 실행하고 그림과 같이 글자와 영어를 입력합니다.

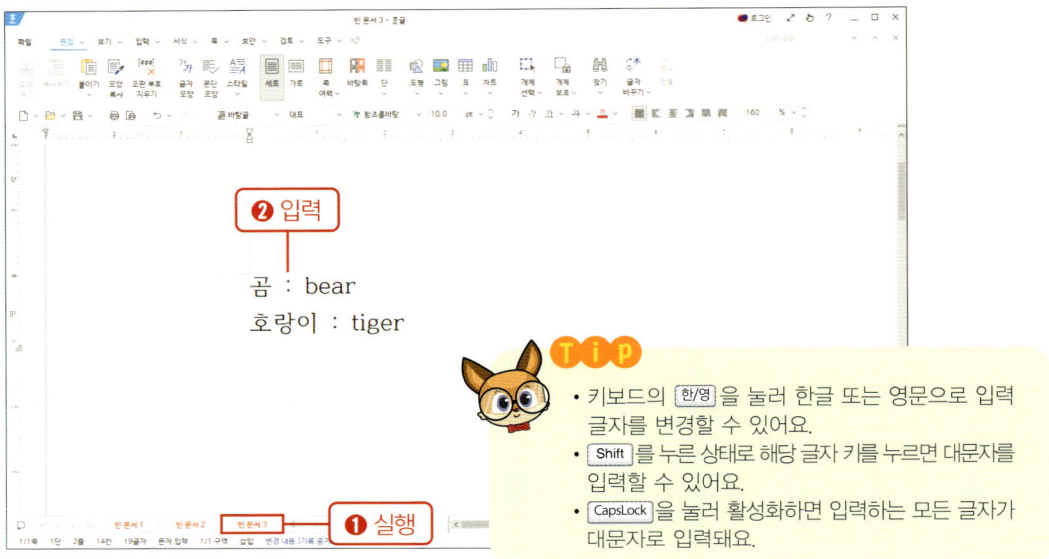

② [파일] 탭-[다른 이름으로 저장하기]를 클릭합니다.

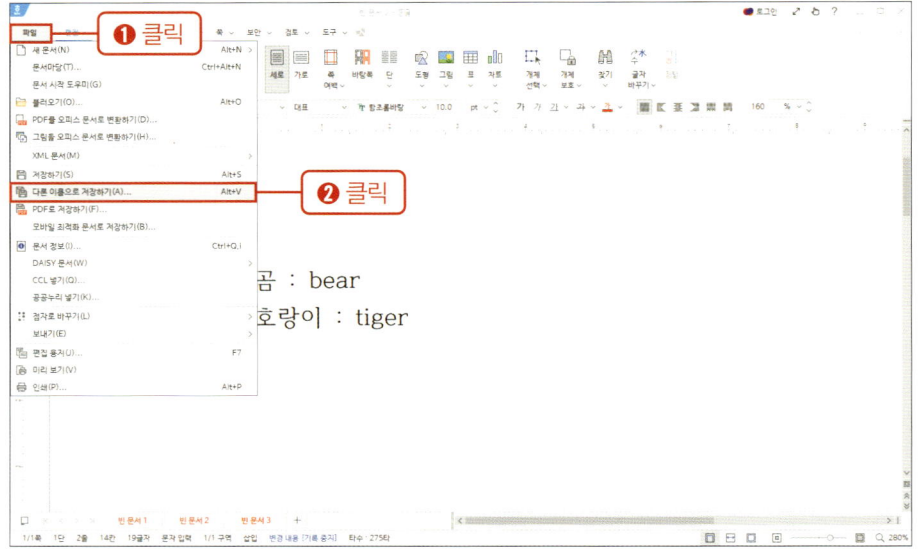

❸ [다른 이름으로 저장하기] 대화상자가 나타나면 저장 위치를 지정하고 파일 이름을 "단군신화"로 입력한 후 [저장] 단추를 클릭합니다.

❹ 같은 방법으로 [빈 문서1], [빈 문서2] 탭을 각각 클릭하여 문서를 저장합니다.

01   혼자 할 수 있어요!

• 예제 파일 : 01_단군신화 퀴즈(예제).hwpx
• 완성 파일 : 01_단군신화 퀴즈(완성).hwpx

01 예제 파일을 실행하고 단군신화 상식 퀴즈의 정답을 입력해 보세요.

> 단군신화 상식 퀴즈
>
> 1. 단군신화에서 단군의 아버지는 누구인가요? 환웅
> 2. 단군신화에서 단군이 세운 나라는 무엇인가요? 고조선
> 3. 단군신화에 등장하는 곰과 호랑이는 무엇을 원했나요? 인간
> 4. 단군신화에서 환웅이 내려온 산의 이름은 무엇인가요? 태백산

02 정답을 한자로 변경하고 문서를 저장해 보세요.

> 단군신화 상식 퀴즈
>
> 1. 단군신화에서 단군의 아버지는 누구인가요? 환웅(桓雄)
> 2. 단군신화에서 단군이 세운 나라는 무엇인가요? 古朝鮮(고조선)
> 3. 단군신화에 등장하는 곰과 호랑이는 무엇을 원했나요? 人間 인간
> 4. 단군신화에서 환웅이 내려온 산의 이름은 무엇인가요? 太白山(태백산)

Hint [한자로 바꾸기] 대화상자에서 [입력 형식]을 다양하게 지정해 보세요.

02 알에서 태어난 왕은?

학습목표
- 예제 파일을 불러와요.
- 서식 도구 상자로 문서를 꾸며요.
- 글자 모양 대화상자로 문서를 꾸며요.

▶ 예제 파일 : 02_알에서 태어난 왕(예제).hwpx
▶ 완성 파일 : 02_알에서 태어난 왕(완성).hwpx

톡톡! 알에서 태어난 왕들

인간이 알에서 태어났다고 전해지는 신화를 우리는 '난생신화'라고 부르는데, 알에서 태어난 사람은 신성한 인물로 여겨져요. 난생신화를 지닌 인물은 '박혁거세', '주몽', '김수로왕'으로, 이들은 각각의 나라를 세우며 역사에 길이 남을 전설적인 인물로 기억되고 있어요. 오늘은 그 주인공들을 만나볼까요?

미션 1 서식 도구 상자로 글자 모양을 꾸며 보아요.

① '한글 2022' 프로그램을 실행한 후 [내 컴퓨터에서 불러오기]를 클릭하여 '02_알에서 태어난 왕(예제).hwpx' 파일을 불러옵니다.

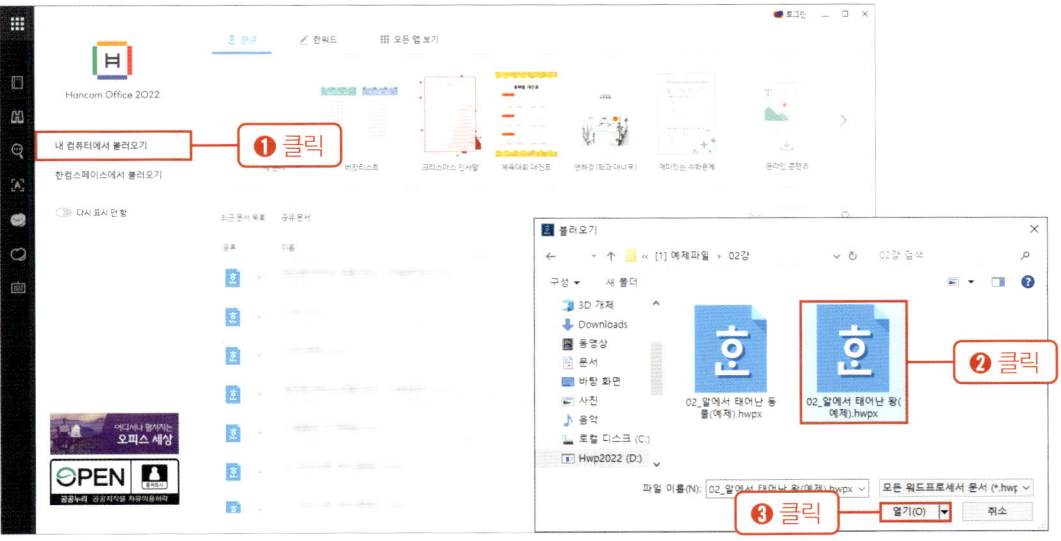

❷ '알에서 태어난 왕은 누가 있을까?' 글자를 드래그하여 블록 지정하고 서식 도구 상자에서 글꼴, 크기, 글자 색을 지정합니다.

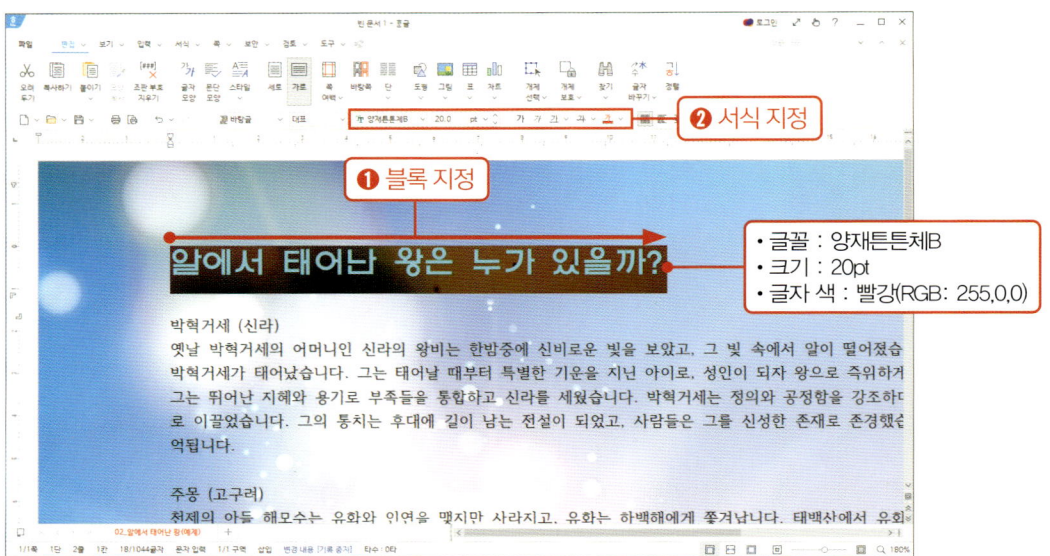

❸ 부제목을 각각 블록 지정한 후 서식 도구 상자에서 글자 서식을 지정합니다.

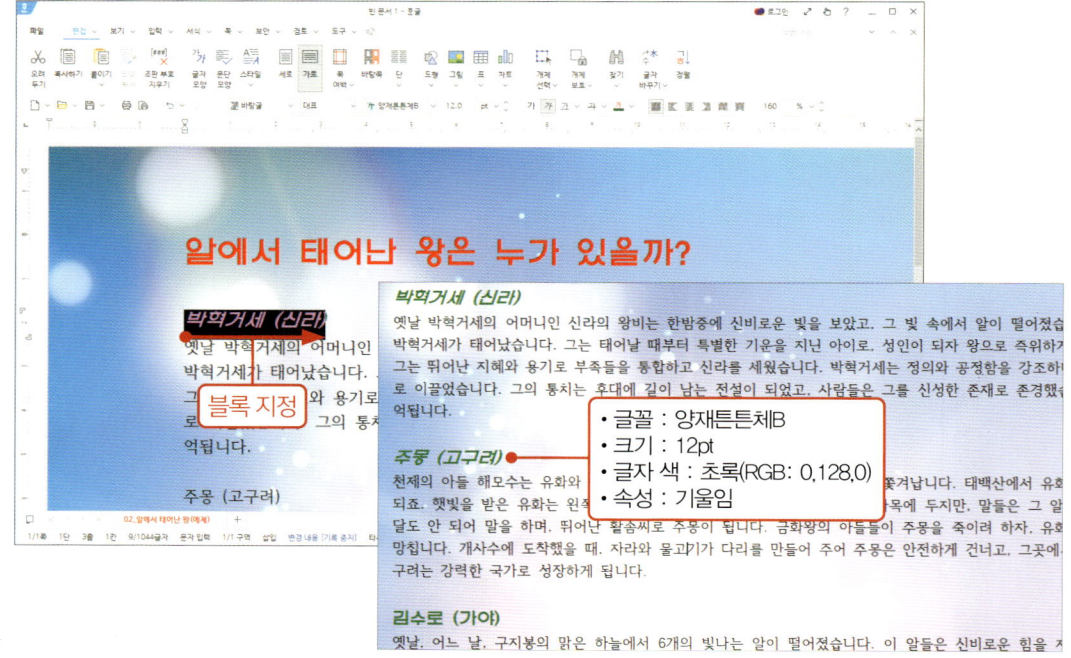

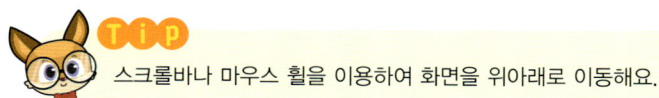
스크롤바나 마우스 휠을 이용하여 화면을 위아래로 이동해요.

④ 내용을 마우스로 드래그하여 블록 지정한 후 서식 도구 상자에서 글자 서식을 지정합니다.

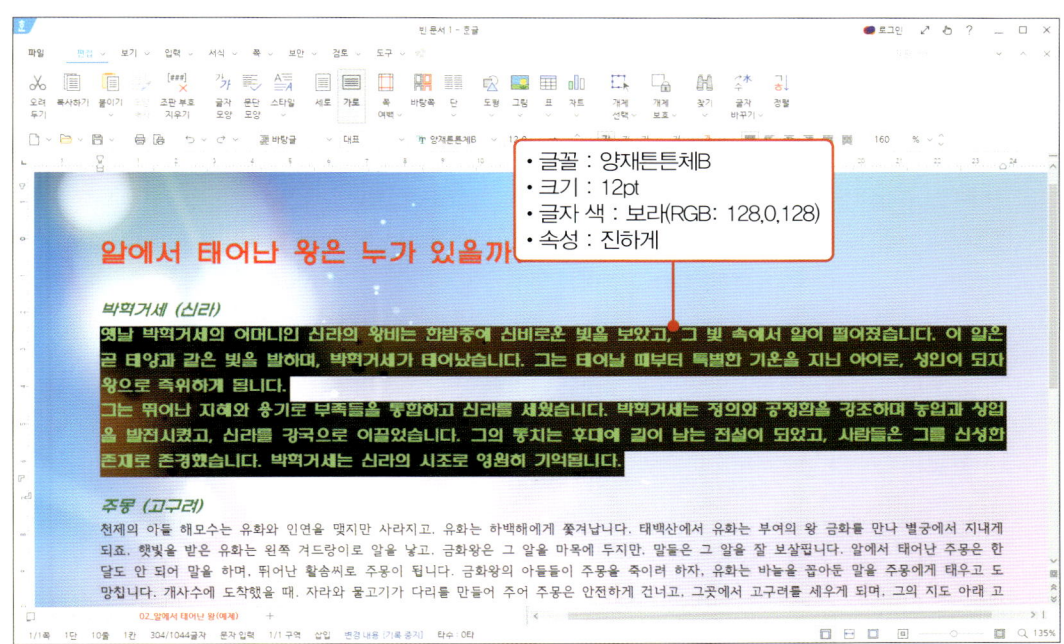

⑤ 같은 방법으로 나머지 내용의 글자 서식도 지정합니다.

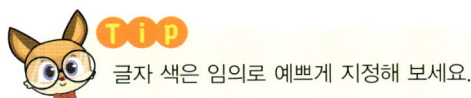

글자 색은 임의로 예쁘게 지정해 보세요.

미션 2 글자 모양 대화상자로 글자 모양을 꾸며 보아요.

① 제목을 블록 지정하고 마우스 오른쪽 단추를 클릭한 후 [글자 모양]을 클릭합니다. [글자 모양] 대화상자가 나타나면 [기본] 탭에서 장평('130%'), 속성('진하게', '그림자')을 지정하고 [설정] 단추를 클릭합니다.

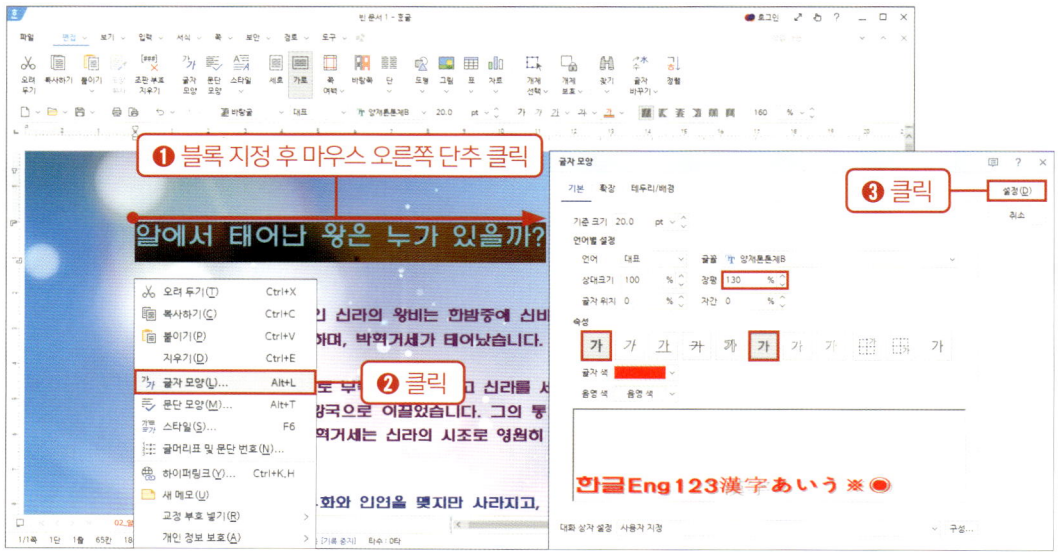

② ①과 같은 방법으로 부제목을 각각 블록 지정하고 [글자 모양] 대화상자에서 자간('20%'), 음영 색[초록(RGB: 40,155,110) 80% 밝게]을 지정한 후 [설정] 단추를 클릭합니다.

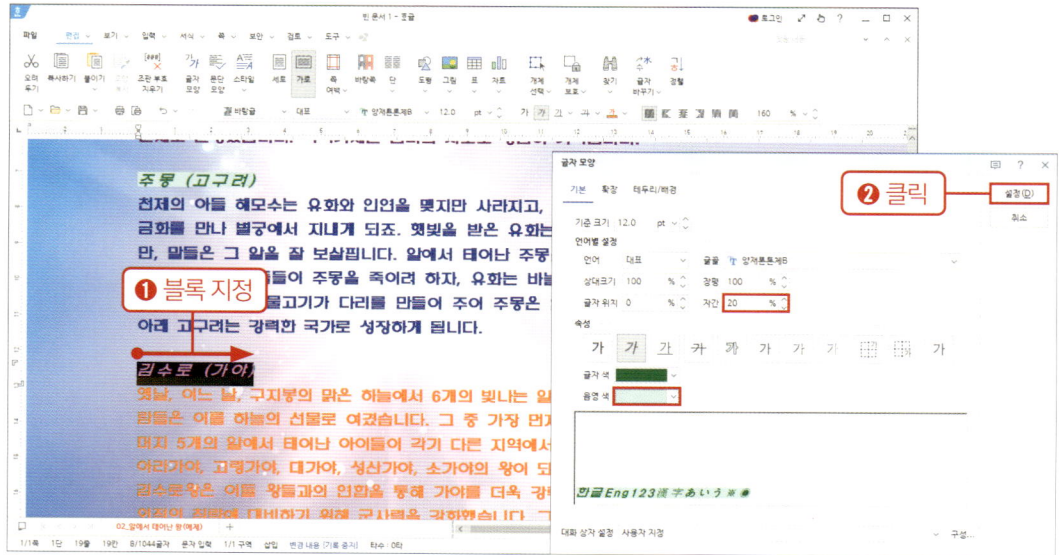

 **다양한 효과로 글자 모양을 꾸며 보아요.**

① 제목을 블록 지정하고 마우스 오른쪽 단추를 클릭한 후 [글자 모양]을 클릭합니다.

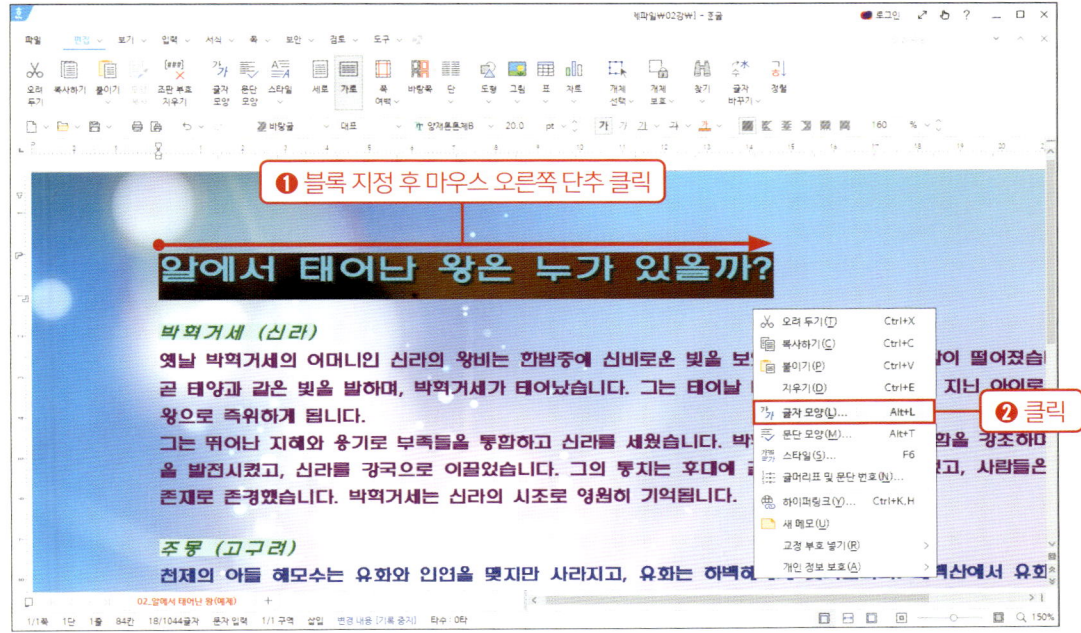

② [글자 모양] 대화상자가 나타나면 [확장] 탭에서 강조점을 클릭하여 그림과 같이 강조점을 선택한 후 [설정] 단추를 클릭합니다.

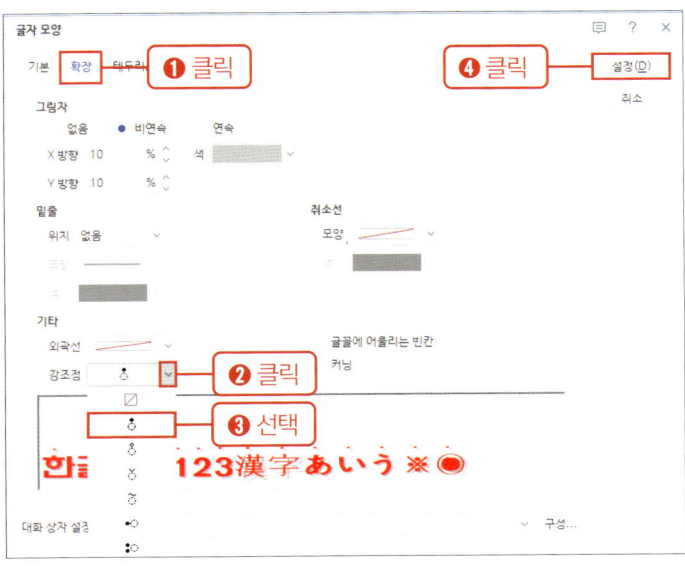

02 혼자 할 수 있어요!

- 예제 파일 : 02_알에서 태어난 동물(예제).hwpx
- 완성 파일 : 02_알에서 태어난 동물(완성).hwpx

01 예제 파일을 실행하고 그림과 같이 글자 서식을 지정해 보세요.

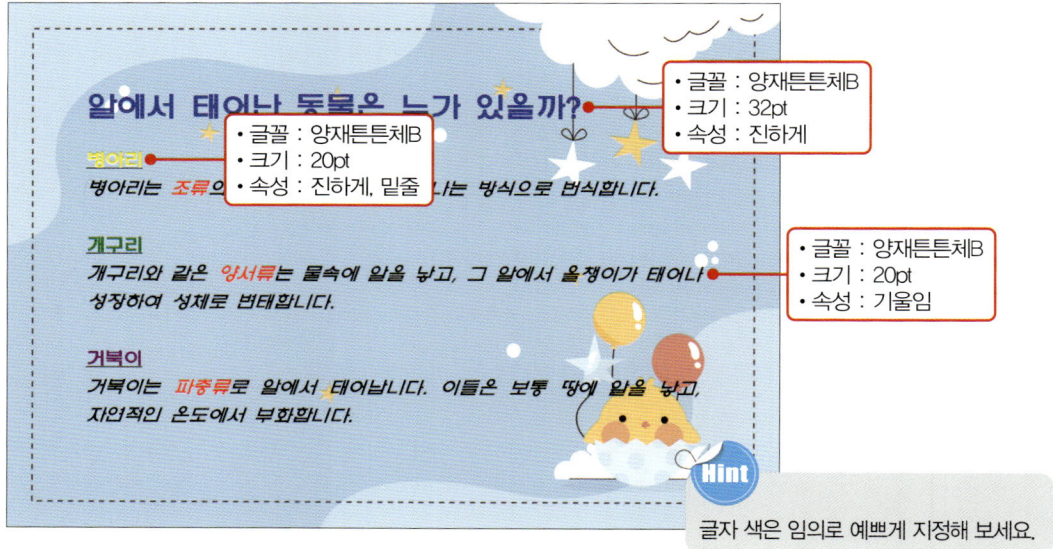

Hint 글자 색은 임의로 예쁘게 지정해 보세요.

02 [글자 모양] 대화상자에서 그림과 같이 글자 모양을 지정해 보세요.

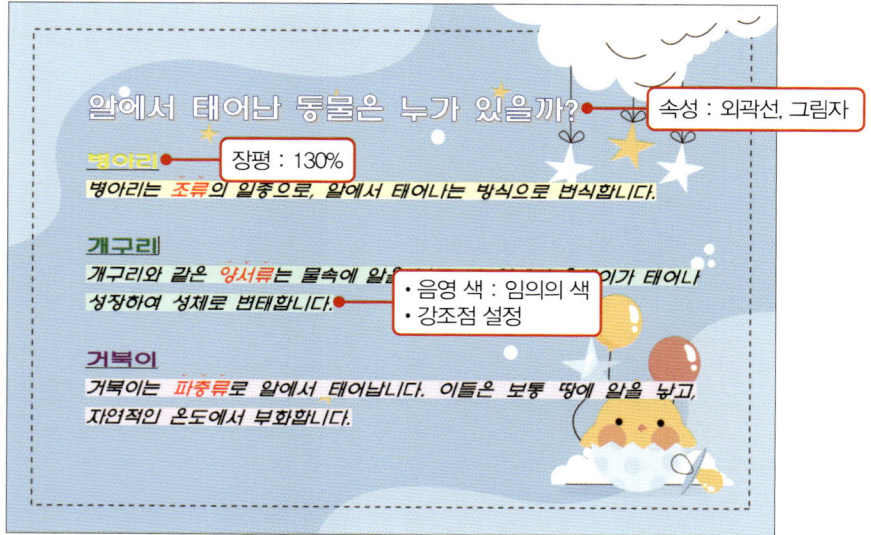

03 영토대장 광개토대왕

학습목표
- 여백과 정렬 방식을 지정해요.
- 문단 테두리와 배경을 꾸며요.

▶ 예제 파일 : 03_광개토대왕(예제).hwpx
▶ 완성 파일 : 03_광개토대왕(완성).hwpx

톡톡! 광개토대왕

옛날, 고구려에는 광개토대왕이라는 위대한 왕이 있었어요. 그의 이름은 '넓은 땅을 열다'라는 뜻을 가지고 있었어요. 오늘은 고구려의 영토를 북쪽으로는 만주 지역까지, 남쪽으로는 한반도 중부 지역까지 확장한 광개토대왕의 영토 확장 이야기를 알아볼까요?

미션1 여백과 정렬 방식을 지정해 보아요.

 '한글 2022' 프로그램을 실행한 후 예제 파일을 불러와 제목을 블록 지정하고 서식 도구 상자에서 [가운데 정렬(≡)]을 클릭합니다.

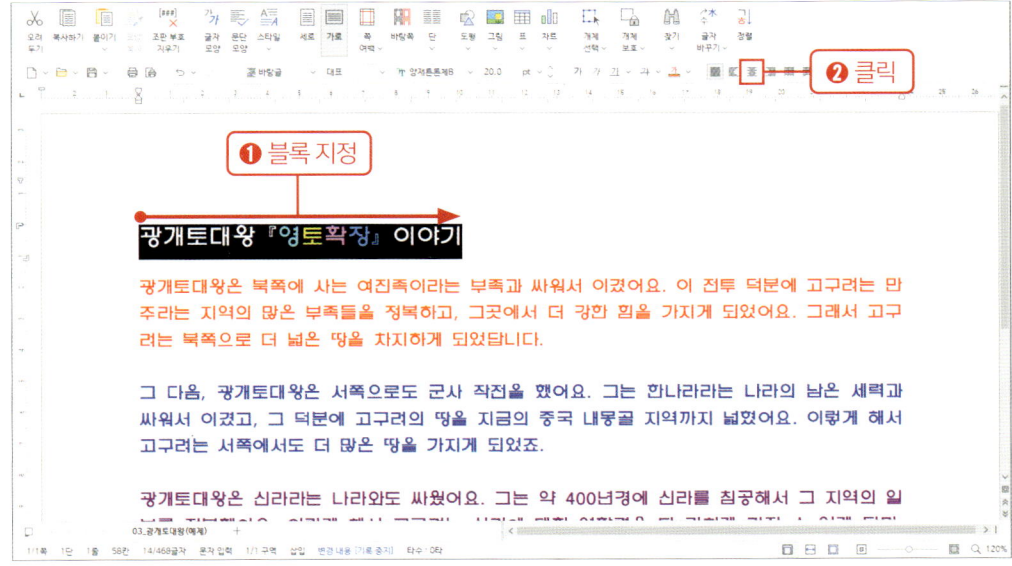

2 첫 번째 단락을 블록 지정하고 [서식] 탭-[문단 모양(≡)]을 클릭하여 [문단 모양] 대화상자가 나타나면 그림과 같이 여백과 줄 간격을 지정한 후 [설정] 단추를 클릭합니다.

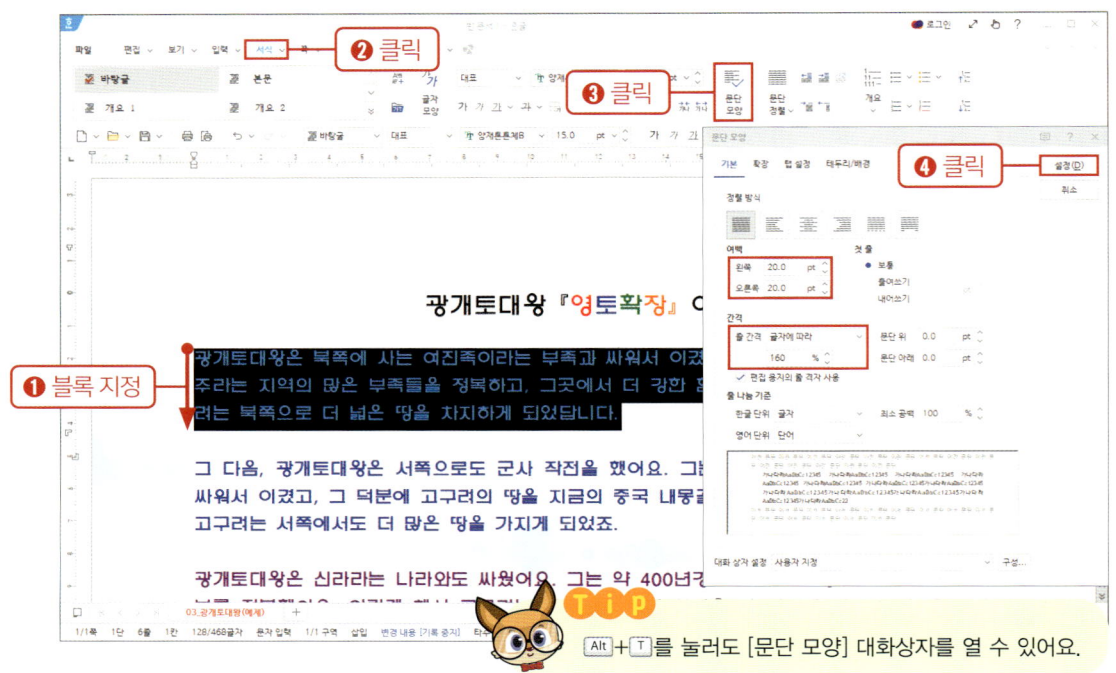

3 **2**와 같은 방법으로 둘째 단락과 셋째 단락을 블록 지정한 후 [문단 모양] 대화상자에서 여백, 들여쓰기, 줄 간격을 지정하고 [설정] 단추를 클릭합니다.

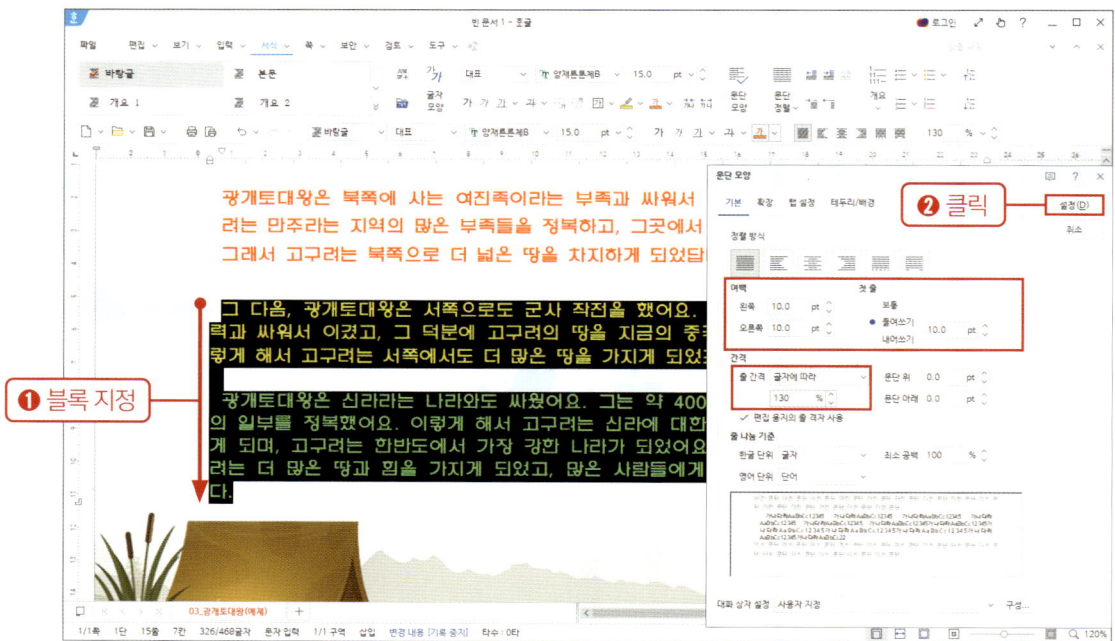

 ## 문단 테두리와 배경을 꾸며 보아요.

1 첫 번째 단락을 블록 지정하고 마우스 오른쪽 단추를 클릭하여 [문단 모양]을 클릭합니다. [문단 모양] 대화상자가 나타나면 [테두리/배경] 탭에서 테두리, 면 색, 간격을 그림과 같이 지정한 후 [설정] 단추를 클릭합니다.

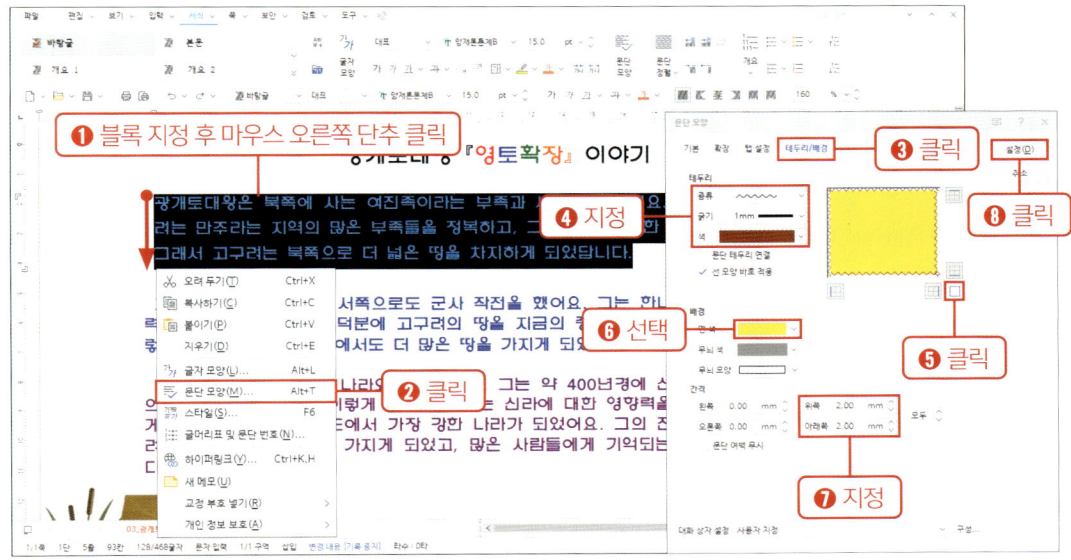

2 두 번째 단락과 세 번째 단락도 **1**과 같은 방법으로 테두리, 배경, 간격을 지정하고 결과를 확인합니다.

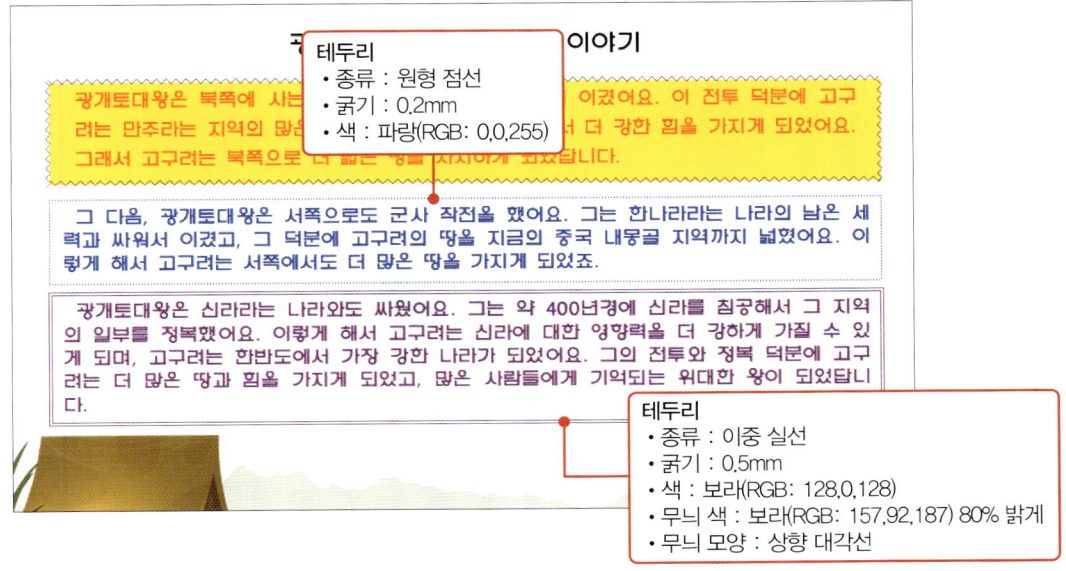

03 혼자 할 수 있어요!

- 예제 파일 : 03_대조영(예제).hwpx
- 완성 파일 : 03_대조영(완성).hwpx

01 예제 파일을 실행하고 그림과 같이 문단 모양을 지정해 보세요.

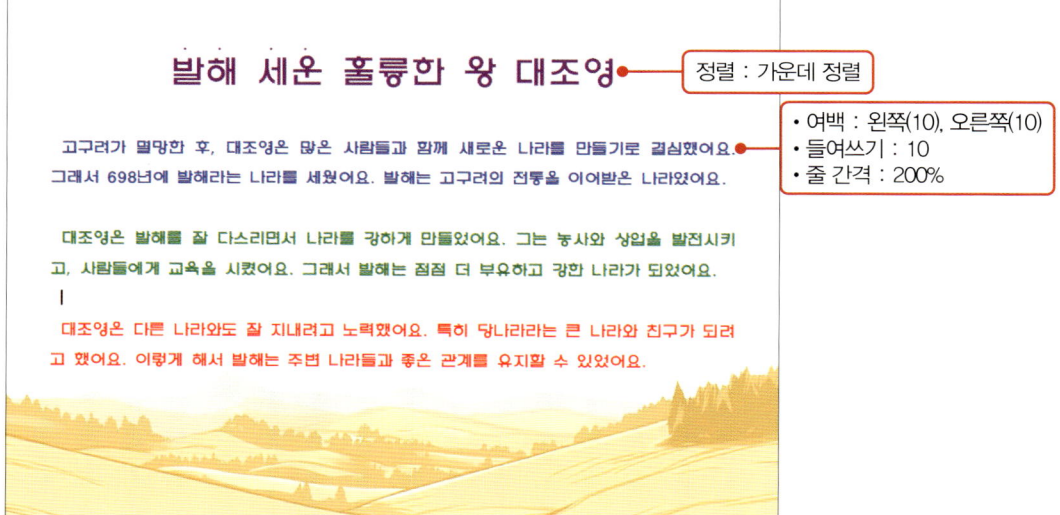

- 정렬 : 가운데 정렬
- 여백 : 왼쪽(10), 오른쪽(10)
- 들여쓰기 : 10
- 줄 간격 : 200%

02 [문단 모양] 대화상자에서 그림과 같이 테두리와 배경 서식을 지정해 보세요.

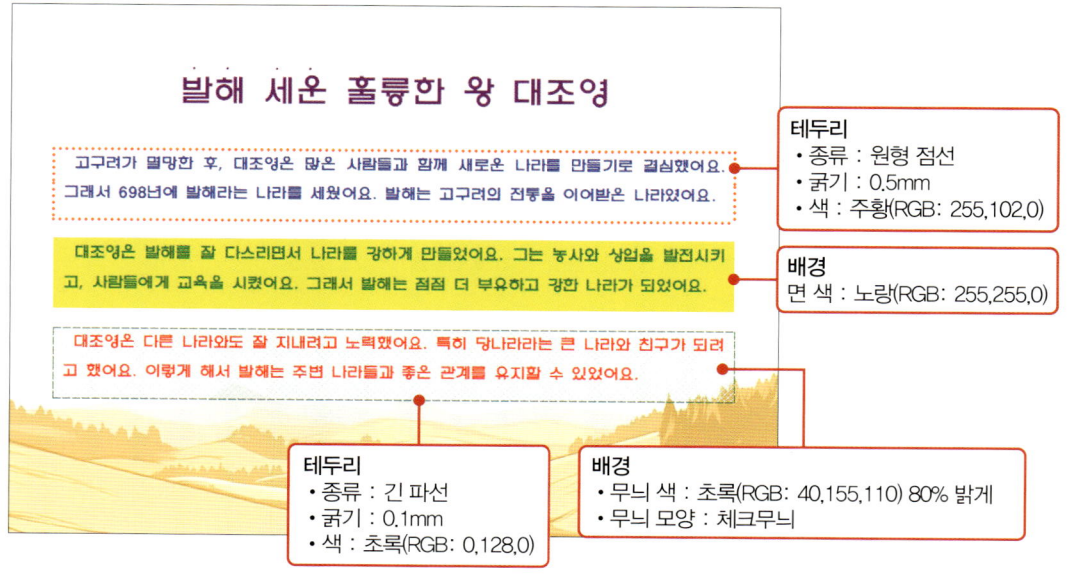

테두리
- 종류 : 원형 점선
- 굵기 : 0.5mm
- 색 : 주황(RGB: 255,102,0)

배경
면 색 : 노랑(RGB: 255,255,0)

테두리
- 종류 : 긴 파선
- 굵기 : 0.1mm
- 색 : 초록(RGB: 0,128,0)

배경
- 무늬 색 : 초록(RGB: 40,155,110) 80% 밝게
- 무늬 모양 : 체크무늬

04 전통 음악의 왕, 백결선생

학습목표
- 문자표를 삽입하여 악보를 작성해요.
- 글자 겹치기로 나만의 도장을 만들어요.

▶ 예제 파일 : 04_백결선생(예제).hwpx
▶ 완성 파일 : 04_백결선생(완성).hwpx

 **백결선생**

신라에는 백결선생이라는 거문고 연주자가 살았어요. '백결'은 가난한 집안에서 옷을 100군데 기워 입고 다녀 붙여진 별명이에요. 섣달 그믐날 백결선생의 아내가 이웃집에서 울려오는 떡방아 소리를 부러워하며 가난한 신세를 한탄하였는데, 백결선생은 이를 듣고 거문고로 떡방아 소리를 연주하여 아내를 위로했다는 일화로 유명해요. 오늘은 음악을 통해 사람들에게 사랑과 위로를 준 백결선생에 대해 알아볼까요?

미션 1 문자표를 삽입하여 악보를 작성해 보아요.

1. '한글 2022' 프로그램을 실행한 후 예제 파일을 불러와 첫 번째 칸을 클릭하고 [입력] 탭 목록 단추(▼)-[문자표]를 클릭합니다. [문자표] 대화상자가 나타나면 [훈글(HNC) 문자표] 탭-[기타 기호]에서 '온음표' 문자표를 선택하고 [넣기] 단추를 클릭합니다.

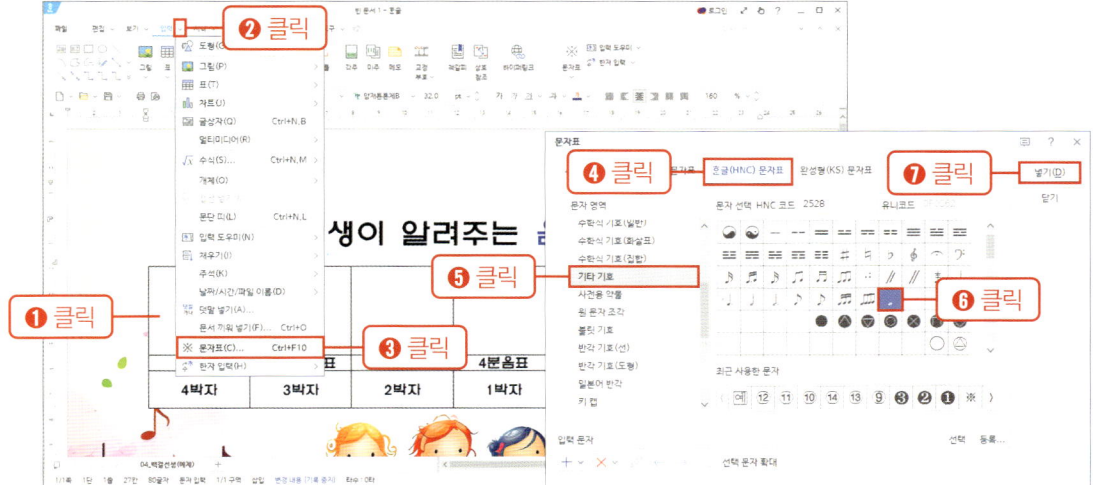

04 · 전통 음악의 왕, 백결선생 21

❷ 다음 칸을 클릭한 후 [입력] 탭-[문자표(※)]-[문자표]를 클릭하여 '점 2분음표' 문자표를 삽입합니다.

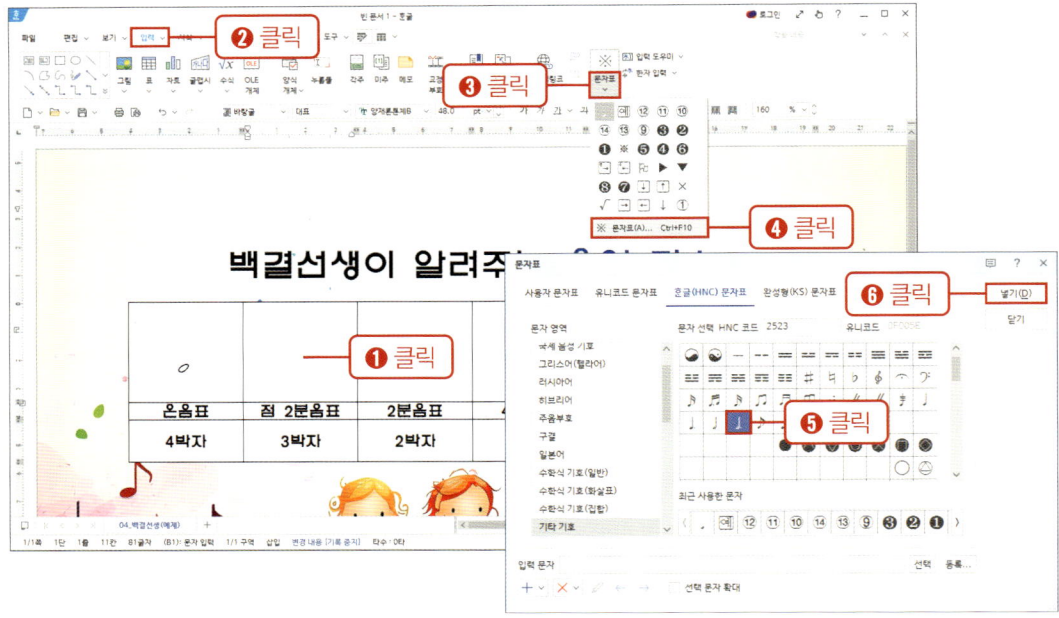

❸ 같은 방법으로 표의 각 빈 칸에 그림과 같이 문자표를 삽입하여 음악의 기초를 완성해 봅니다.

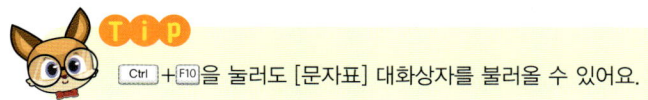

Ctrl + F10 을 눌러도 [문자표] 대화상자를 불러올 수 있어요.

 **글자 겹치기로 나만의 도장을 만들어 보아요.**

① 문서 하단의 사각형 도형 안쪽을 클릭하고 [입력] 탭 목록 단추(▼)-[입력 도우미]-[글자 겹치기]를 클릭합니다.

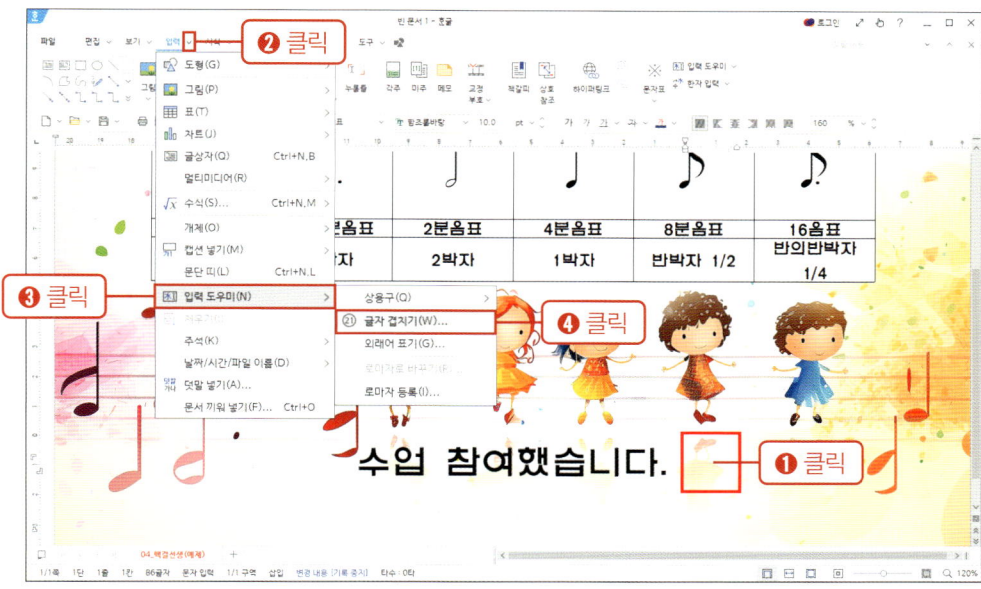

② [글자 겹치기] 대화상자가 나타나면 겹쳐 쓸 글자에 "백결"을 입력하고 [겹치기 종류]에서 '반전된 사각형 문자', [글자 크기 조절]을 '90%'로 지정한 후 [넣기] 단추를 클릭합니다.

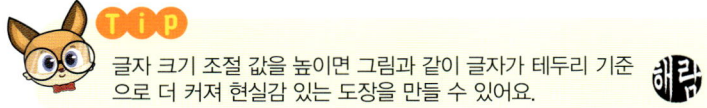

글자 크기 조절 값을 높이면 그림과 같이 글자가 테두리 기준으로 더 커져 현실감 있는 도장을 만들 수 있어요.

❸ 겹쳐 쓴 글자가 표시되면 글자를 블록 지정한 후 서식 도구 상자에서 글자 서식을 지정합니다.

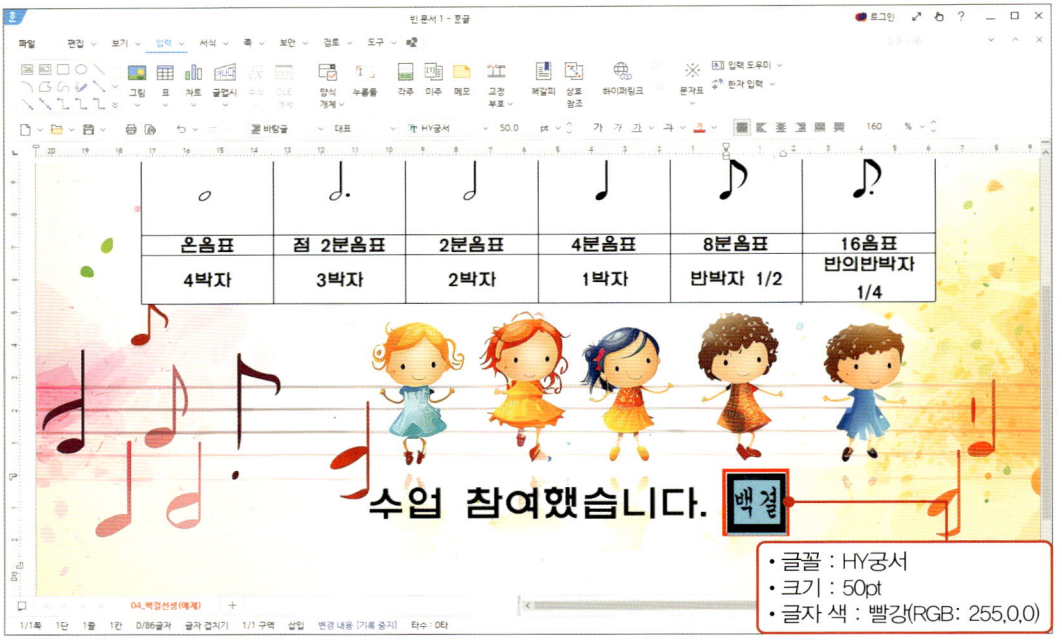

❹ 겹쳐 쓴 글자를 더블클릭하여 [글자 겹치기] 대화상자가 나타나면 [겹치기 종류]에서 '반전된 원 문자'를 선택한 후 [넣기] 단추를 클릭하여 도장의 모양을 수정합니다.

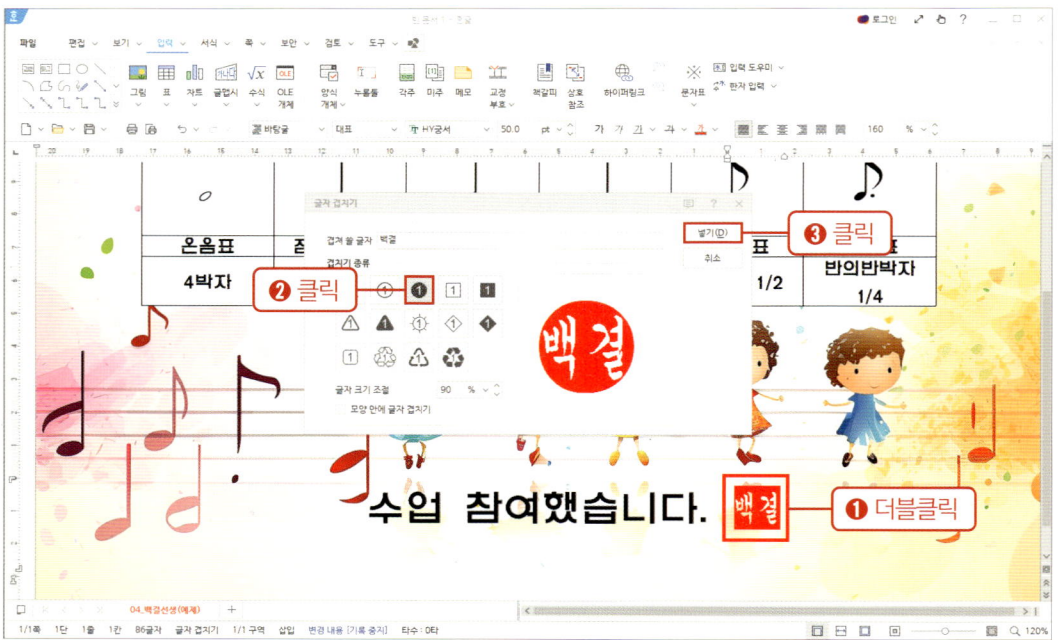

04 혼자 할 수 있어요!

• 예제 파일 : 04_태극기(예제).hwpx
• 완성 파일 : 04_태극기(완성).hwpx

01 예제 파일을 실행하고 문자표를 이용하여 그림과 같이 태극기를 만들어 보세요.

02 글자 겹치기를 이용하여 그림과 같이 도장을 완성해 보세요.

05 장보고의 해상왕국시대!

학 습 목 표
- 그림을 삽입하고 스타일을 지정해요.
- 그림에 다양한 효과를 지정해요.

▶ 예제 파일 : '이미지1.jpg', '이미지2.png', '이미지3.png'
▶ 완성 파일 : 05_장보고(완성).hwpx

툭톡! 장보고

장보고는 신라시대 유명한 해상 무역상으로, 무역을 통해 신라의 경제를 크게 발전시켰고 특히 일본, 중국, 동남아시아와의 교역에서 중요한 역할을 했어요. 장보고는 또한 '청해진' 이라는 해상 기지를 세워 해적을 처치하고 무역 안전을 확보하는 데 기여했어요. 오늘은 해상의 왕 장보고를 다양한 이미지로 꾸며 볼까요?

미션 1 그림을 삽입하고 스타일을 지정해 보아요.

1 '한글 2022' 프로그램을 실행하고 새 문서를 실행한 후 F7을 눌러 [편집 용지] 대화상자가 나타나면 용지 방향을 '가로'로 선택하고 [설정] 단추를 클릭합니다.

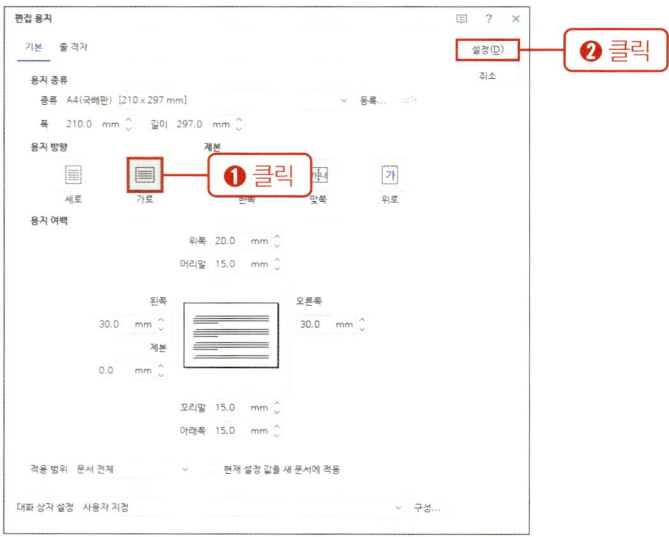

② [입력] 탭-[그림(🌼)]을 클릭하여 [그림 넣기] 대화상자가 나타나면 '이미지1.jpg' 파일을 선택한 후 '문서에 포함'에 체크하고 [열기] 단추를 클릭합니다.

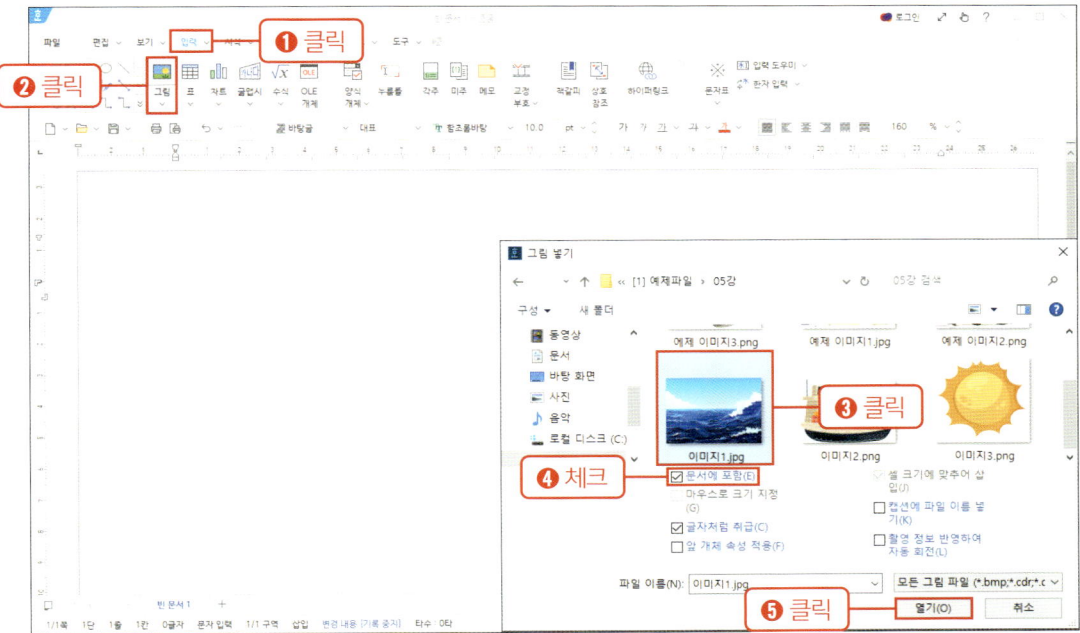

③ 삽입된 그림을 클릭하고 [🌼] 탭에서 너비를 '235mm'로 변경합니다.

Tip 그림을 더블클릭하면 나타나는 [개체 속성] 대화상자에서도 이미지의 크기를 변경할 수 있어요.

미션 2 그림에 여러 가지 효과를 지정해 보아요.

① 앞서 배운 방법대로 '이미지2.png' 파일을 삽입합니다. 이미지를 더블클릭하여 [개체 속성] 창이 나타나면 '글자처럼 취급'에 체크를 해제하고 [본문과의 배치]-[글 앞으로]를 클릭한 후 [설정] 단추를 클릭합니다.

② 이미지의 크기 조절점을 드래그하여 크기를 조절하고 위치를 이동시킨 후 [🌼] 탭-[그림 효과]-[반사]-[1/3 크기, 4pt]를 클릭합니다.

③ ❶과 같은 방법으로 '이미지3.png' 파일을 삽입하고 개체 속성을 지정한 후 이미지의 크기를 조절하고 그림과 같이 이동시킵니다.

④ [🌷] 탭-[그림 효과]-[네온]-[강조색 4, 15pt]를 클릭합니다.

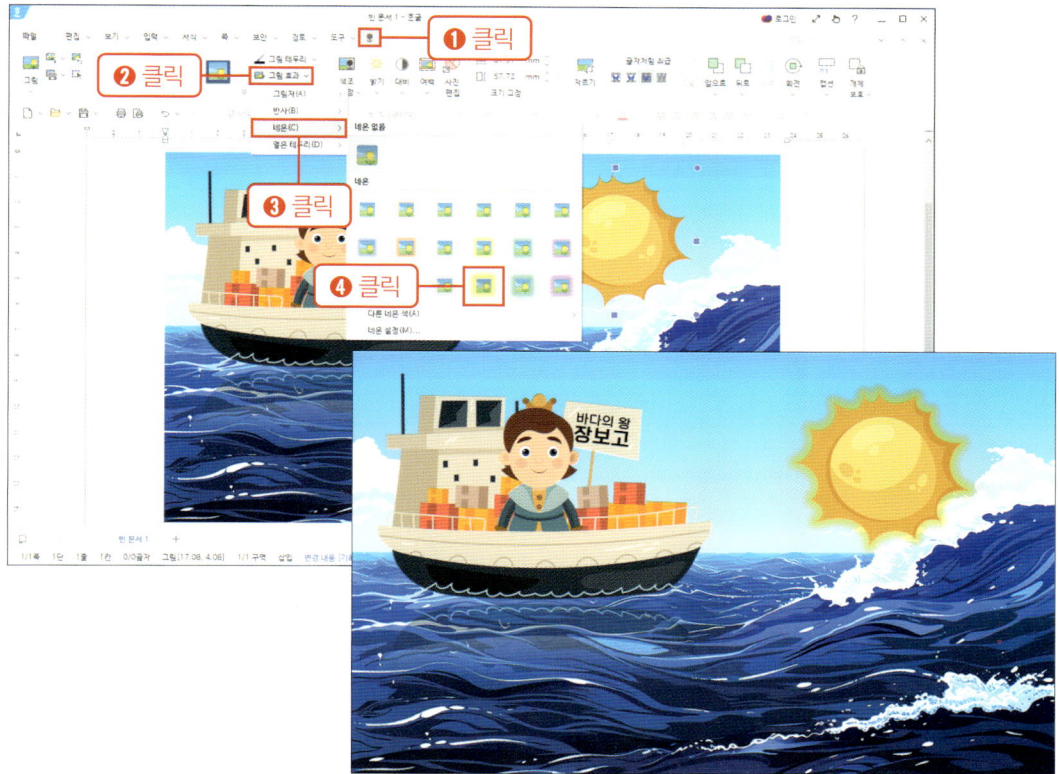

05 • 장보고의 해상왕국시대! 29

05 혼자 할 수 있어요!

- 예제 파일 : '동굴.jpg', '해골.png', '원효대사.png'
- 완성 파일 : 05_원효대사(완성).hwpx

01 새 문서를 실행한 후 이미지를 삽입하고 크기를 조절하여 원효대사의 동굴을 만들어 보세요.

02 '해골', '원효대사' 이미지를 삽입하고 그림 효과를 적용하여 그림과 같은 작품을 완성해 보세요.

그림 효과
- 반사 : 1/3 크기, 4pt

그림 효과
- 네온 : 강조색3, 15pt

06 홍길동이 나가신다!

학습목표

- 그리기마당 개체를 삽입해요.
- 개체 풀기로 조각 그림을 조합해요.
- 개체 회전으로 좌우를 대칭해요.

▶ 예제 파일 : 06_홍길동(예제).hwpx
▶ 완성 파일 : 06_홍길동(완성).hwpx

툭툭! 홍길동

홍길동은 조선 시대 연산군 때 충청도 일대를 중심으로 활동한 도적떼의 우두머리로, 허균이 지었다고 알려진 '홍길동전'의 실제 인물로 알려져 있어요. '홍길동전'에서 홍길동은 서자의 신분으로, 신분 차별로 인한 갈등을 극복하고 활빈당을 조직해 가난한 백성을 돕다가 율도국에서 자신의 나라를 세워 국왕에 올라요. 오늘은 그리기마당 개체를 삽입하여 영웅 의적 홍길동을 만들어 볼까요?

미션 1 그리기마당 개체를 삽입해 보아요.

1 '한글 2022' 프로그램을 실행하고 예제 파일을 불러와 그림과 같이 글자 서식과 문단 서식을 지정합니다.

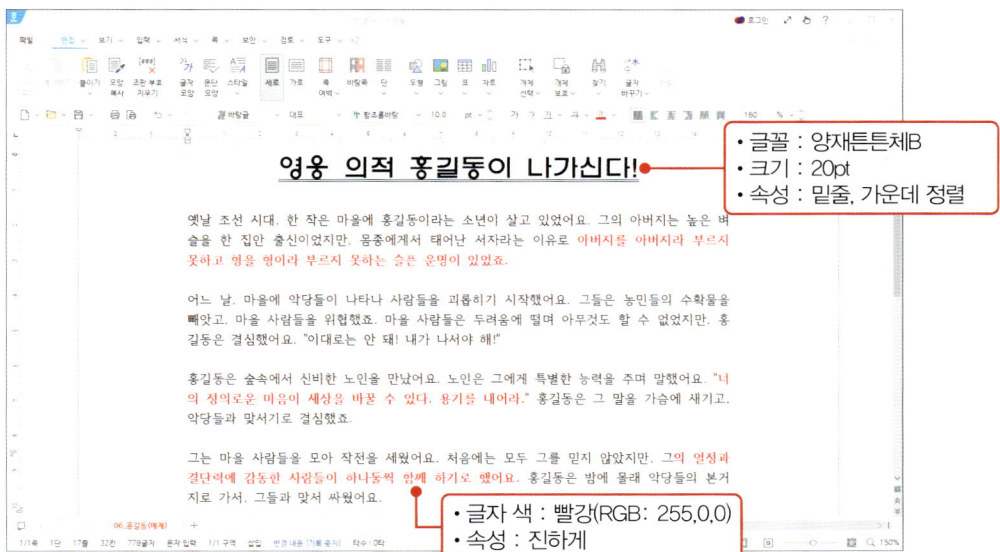

- 글꼴 : 양재튼튼체B
- 크기 : 20pt
- 속성 : 밑줄, 가운데 정렬

- 글자 색 : 빨강(RGB: 255,0,0)
- 속성 : 진하게

❷ [입력] 탭-[그림(📷)]-[그리기마당]을 클릭하여 [그리기마당] 대화상자가 나타나면 [그리기 조각] 탭-[클립아트 다운로드]를 클릭합니다.

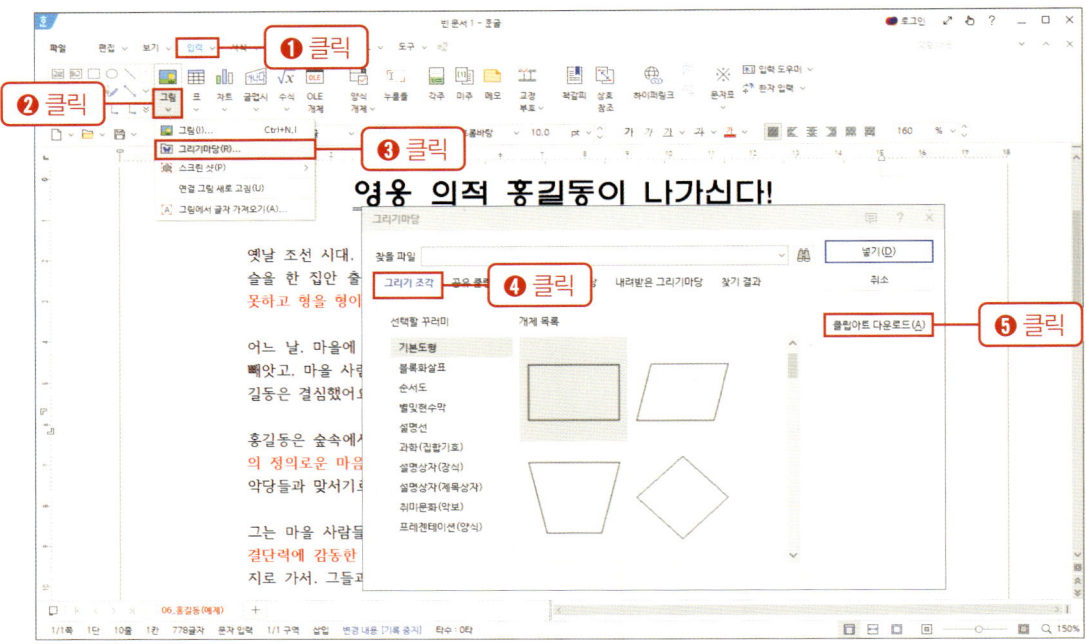

❸ [한컴 애셋] 창이 나타나면 [그리기 조각] 탭을 클릭하고 검색창에 '홍길동전'을 검색하여 이미지가 나타나면 [내려받기(⬇)]를 클릭한 후 창을 닫습니다.

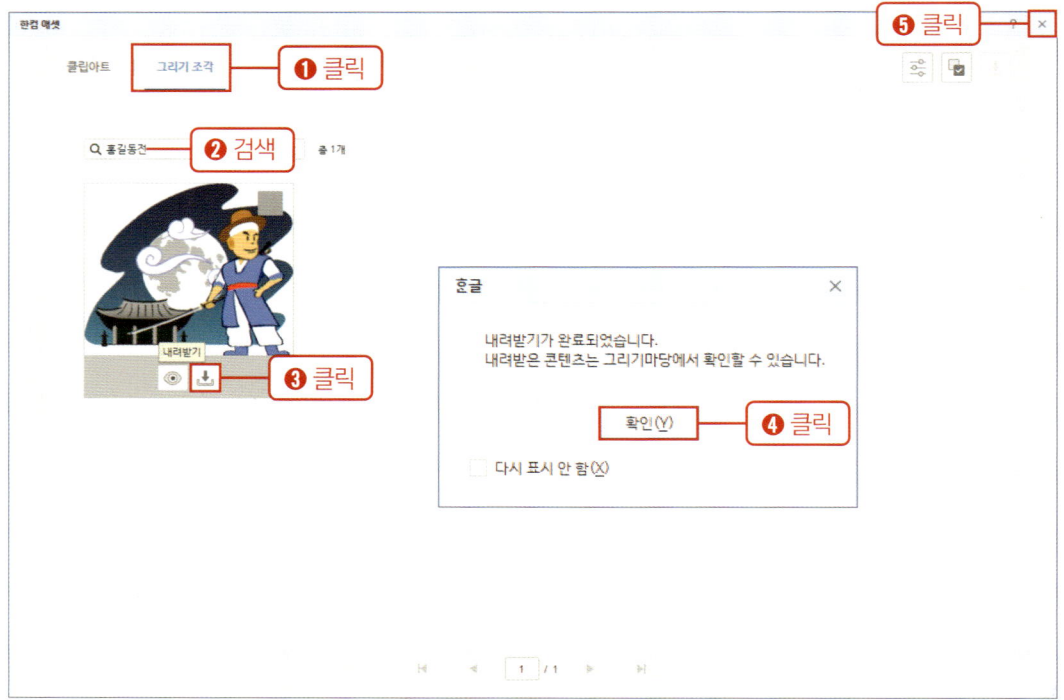

④ [내려받은 그리기마당] 탭을 클릭한 후 [그리기 조각] 목록에서 내려 받은 '홍길동전' 이미지를 선택하고 [넣기] 단추를 클릭합니다.

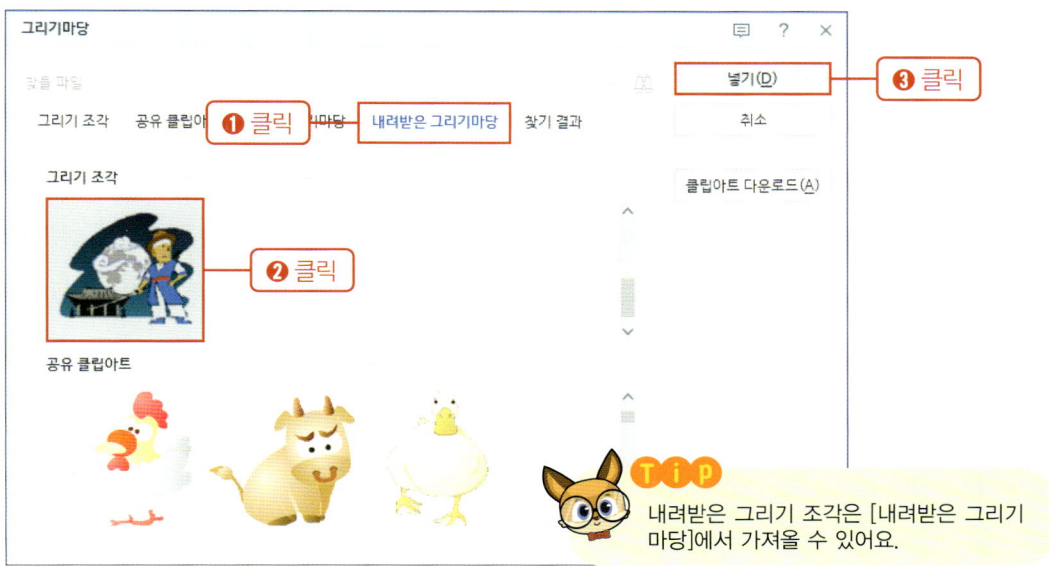

⑤ 마우스 포인터가 '+' 모양으로 변경되면 Shift 를 누른 상태로 마우스를 드래그하여 개체를 삽입합니다.

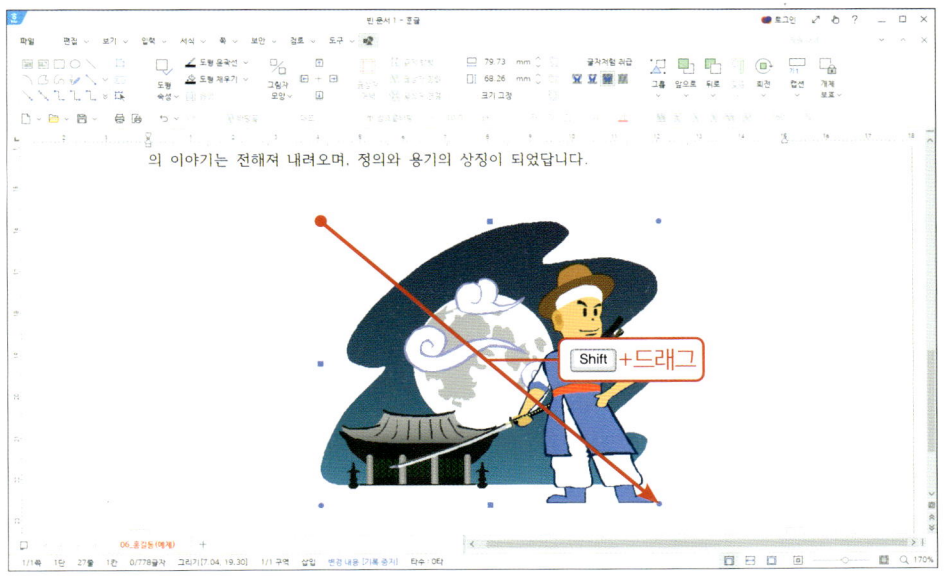

Tip
- 문서 하단 빈 공간에 그리기 조각 개체를 삽입해요.
- Shift 를 누른 상태로 마우스를 드래그하면 가로, 세로 비율을 유지하여 개체를 삽입할 수 있어요.

미션 2 개체 풀기로 조각 그림을 변경해 보아요.

❶ '홍길동전' 개체를 선택하고 [🖼️] 탭-[그룹(🔲)]-[개체 풀기]를 클릭합니다.

❷ Esc 를 눌러 개체 선택을 해제한 후 홍길동을 클릭하고 ❶과 같은 방법으로 개체 풀기를 진행하여 홍길동의 얼굴과 몸이 분리되도록 합니다.

Tip 개체를 마우스 오른쪽 단추로 클릭하고 [개체 풀기]를 클릭하거나 Ctrl + U 를 눌러도 돼요.

❸ 분리된 개체의 크기와 위치를 각각 조절하여 그림과 같이 만듭니다.

❹ 홍길동의 얼굴을 선택한 후 [ ] 탭-[회전( )]-[좌우 대칭]을 클릭하고 위치를 조절합니다.

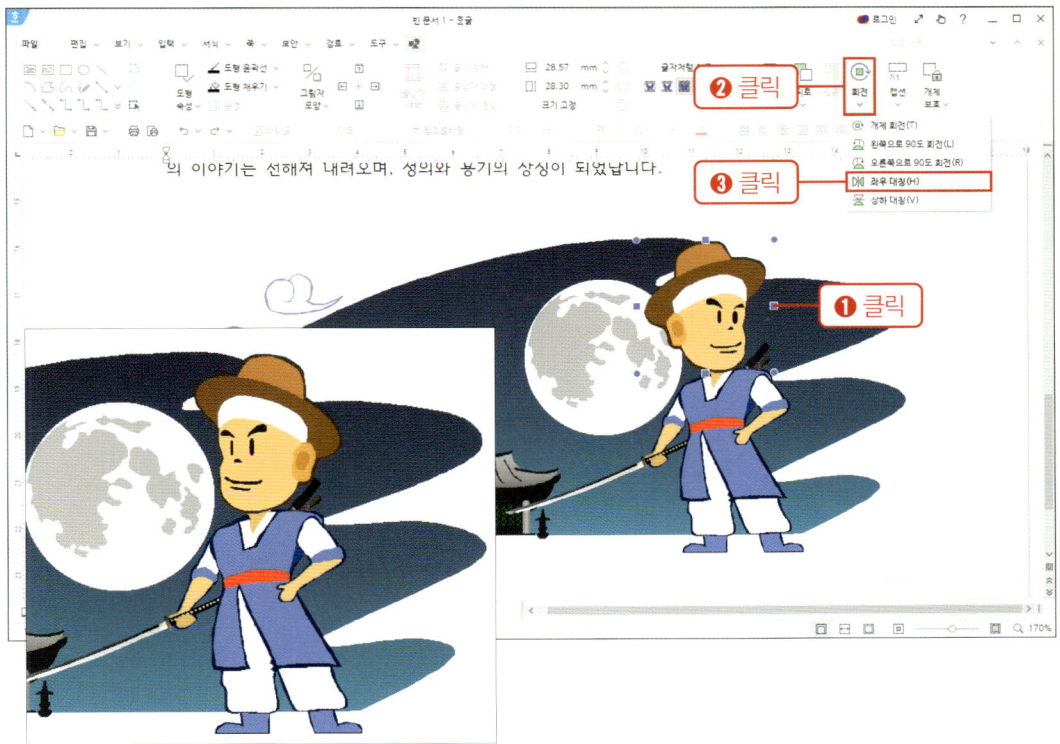

06 혼자 할 수 있어요!

• 예제 파일 : 06_임꺽정(예제).hwpx
• 완성 파일 : 06_임꺽정(완성).hwpx

01 예제 파일을 실행하고 그림과 같이 글자 서식과 문단 서식을 지정해 보세요.

정의로운 도적 임꺽정

• 글꼴 : 양재튼튼체B
• 크기 : 20pt
• 속성 : 가운데 정렬

옛날 조선의 한 마을에 임꺽정이라는 소년이 있었습니다. 그는 가난한 농민의 아들로, 부모님과 함께 힘들게 살았습니다. 마을은 부자들만 배불리 먹고, 가난한 사람들은 굶주리는 불공정한 세상이었습니다. 임꺽정은 이를 보고 마음이 아파, "나는 정의로운 도적이 되어 사람들을 도와야겠다!"라고 결심했습니다.

• 글자 색 : 빨강(RGB: 255,0,0)
• 속성 : 기울임, 가운데 정렬

그는 숲속에 숨어 도적의 삶을 시작했습니다. 뛰어난 무술과 지혜로 많은 사람을 도와주었고, 부자들의 재물을 훔쳐 가난한 이들에게 나누어 주었습니다. 사람들은 그를 '정의로운 도적 임꺽정'이라고 부르며 존경했습니다.

어느 날, 임꺽정은 악덕 부자의 집에 들어가기로 결심했습니다. 그 부자는 마을 사람들을 괴롭히는 악당이었습니다. 임꺽정은 조용히 집에 들어가 재물을 챙기고, 마을로 돌아와 사람들에게 나누어 주었습니다. 그러나 부자는 임꺽정의 정체를 알아내고 그를 잡기 위해 사람들을 보냈습니다.

임꺽정은 도망치며 숲속으로 들어갔고, 그곳에서 많은 친구를 만나게 되었습니다. 그들은 함께 힘을 합쳐 부자들의 악행에 맞서 싸우기로 했습니다. 임꺽정과 친구들은 마을 사람들과 힘을 합쳐 부자들에게 맞섰고, 결국 마을은 평화롭게 되었습니다.

02 그리기마당에서 '자치기', '씨름' 그리기 조각을 삽입한 후 개체 풀기와 회전 기능을 이용하여 그림과 같이 만들어 보세요.

Hint 문서 하단에 그리기 조각을 삽입하고 개체를 분리한 후 크기와 위치를 조절해 보세요.

07 김유신의 삼국통일시대!

학습목표
- 글맵시 개체를 삽입해요.
- 글맵시 개체를 꾸며요.

▶ 예제 파일 : 태극기.png
▶ 완성 파일 : 07_김유신(완성).hwpx

톡톡! 김유신 장군

김유신 장군은 신라 시대의 유명한 장군으로 태종무열왕, 문무왕과 함께 힘을 합쳐 삼국 통일을 이루었어요. 그는 15세에 화랑이 되어 백제를 정복할 때는 똑똑한 전략으로 큰 승리를 거두었죠. 668년에는 당나라와 함께 고구려를 정복하기도 했어요. 오늘은 불교를 좋아해 많은 사찰을 도와주며 사람들을 하나로 모으는 데 힘쓴 김유신 장군의 마크를 만들어 볼까요?

미션 1 글맵시 개체를 삽입해 보아요.

① '한글 2022' 프로그램을 실행하고 새 문서를 실행한 후 F7을 눌러 [편집 용지] 대화상자가 나타나면 용지 방향을 '가로'로 선택하고 [설정] 단추를 클릭합니다.

② [입력] 탭-[글맵시(글맵시)]를 클릭하여 [글맵시 만들기] 대화상자가 나타나면 그림과 같이 내용을 입력하고 글맵시 모양, 글꼴을 지정한 후 [설정] 단추를 클릭합니다.

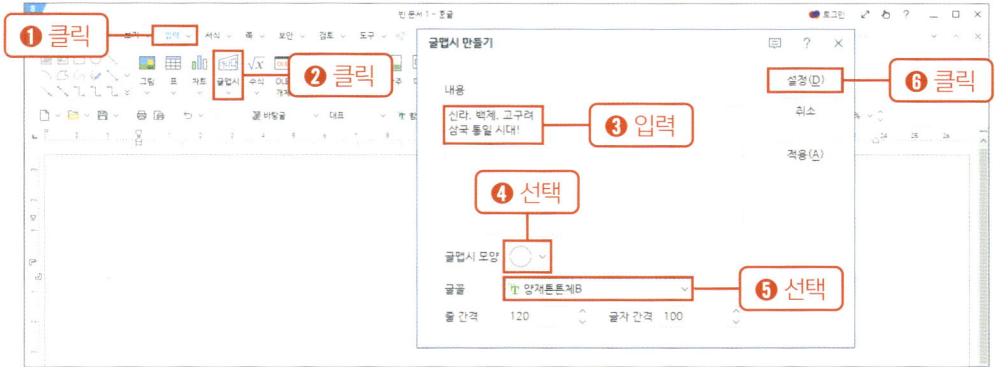

❸ 글맵시 개체가 삽입되면 개체를 선택한 후 [📷] 탭에서 너비와 높이를 '135mm'로 지정하고 그림과 같이 위치를 조절합니다.

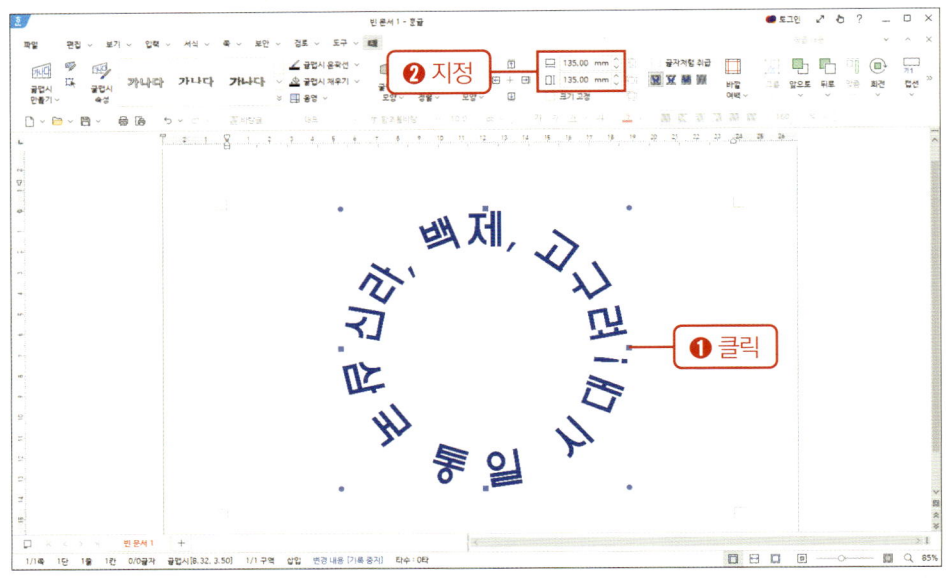

Tip
[크기 고정]에 체크하면 개체의 가로, 세로 비율을 일정하게 유지하며 크기를 변경할 수 있어요. 가로, 세로 비율을 임의로 변경하고 싶을 때는 [크기 고정]에 체크를 해제한 후 크기를 지정해요.

❹ [입력] 탭-[그림(🖼)]을 클릭하여 [그림 넣기] 대화상자가 나타나면 '태극기.png' 파일을 삽입합니다.

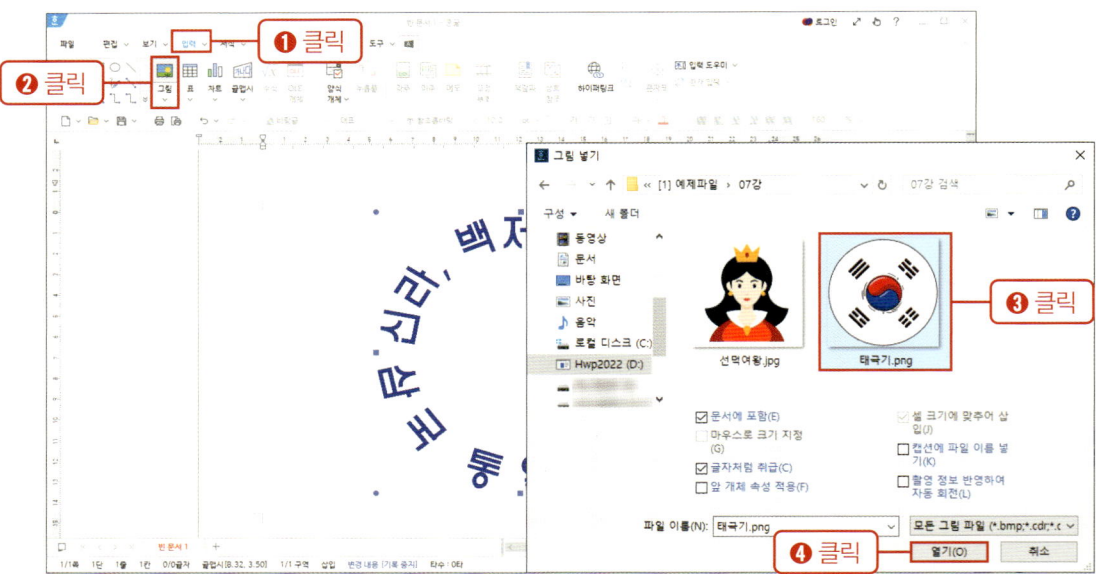

⑤ 삽입된 이미지를 더블클릭하여 [개체 속성] 대화상자가 나타나면 [글자처럼 취급]에 체크를 해제하고 [서로 겹침 허용]에 체크한 후 [설정] 단추를 클릭합니다.

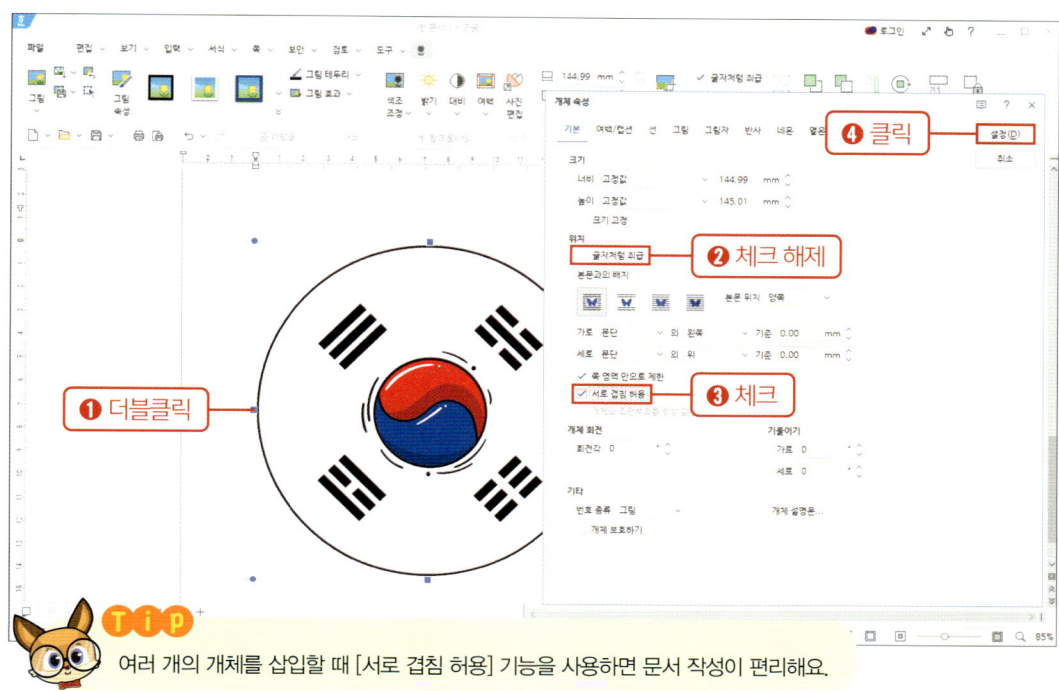

Tip 여러 개의 개체를 삽입할 때 [서로 겹침 허용] 기능을 사용하면 문서 작성이 편리해요.

⑥ 이미지의 크기와 위치를 조절하여 그림과 같이 만듭니다.

미션 2 글맵시 개체를 꾸며 보아요.

1 글맵시 개체를 더블클릭하여 [개체 속성] 대화상자가 나타나면 [선] 탭에서 선 색['남색 (RGB: 58,60,132)']과 종류('점선')를 선택합니다.

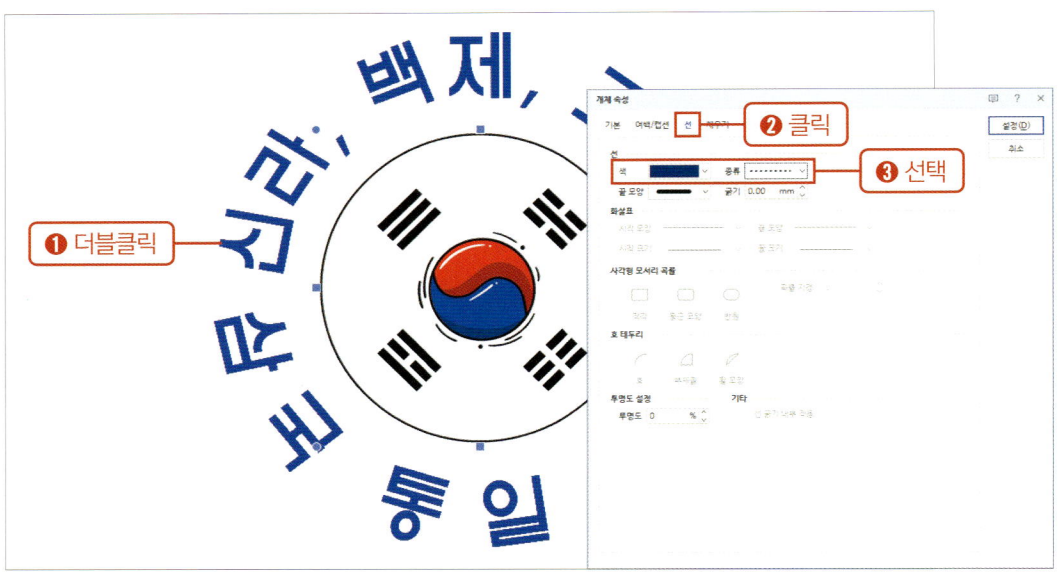

2 [채우기] 탭을 클릭한 후 면 색['하늘색(RGB: 97,130,214)'], 무늬 색['하늘색(RGB: 97,130,214) 80% 밝게'], 무늬 모양('체크무늬')을 선택한 후 [설정] 단추를 클릭합니다.

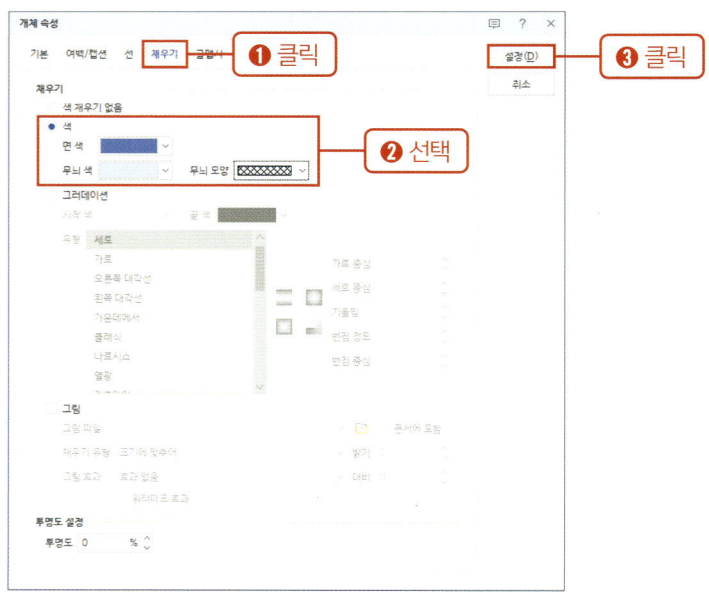

❸ 글맵시 개체에 선 속성과 채우기 속성이 적용된 모습을 확인합니다.

❹ 글맵시 개체를 선택한 후 [🅰] 탭-[글맵시 속성(📝)]을 클릭하여 자유롭게 글맵시 속성을 변경해 봅니다.

혼자 할 수 있어요!

• 예제 파일 : 선덕여왕.jpg
• 완성 파일 : 07_선덕여왕(완성).hwpx

01 새 문서를 실행한 후 이미지를 삽입하고 그림과 같이 크기와 위치를 지정해 보세요.

02 글맵시 개체를 삽입하여 그림과 같이 문서를 완성해 보세요.

글맵시
• 글꼴 : 양재튼튼체B
• 글맵시 모양 : 아래쪽 수축

글맵시
• 글꼴 : 양재튼튼체B
• 글맵시 모양 : 위쪽 수축

Hint
• 이미지에 '서로 겹침 허용'을 적용해 보세요.
• 글맵시 서식은 임의로 예쁘게 지정해 보세요.

08 일편단심 충신 정몽주

학습목표
- 다단을 설정해요.
- 문단 첫 글자 장식을 설정해요.

▶ 예제 파일 : 08_충신(예제).hwpx
▶ 완성 파일 : 08_충신(완성).hwpx

톡톡! 정몽주의 단심가

정몽주는 '단심가'라는 시로 유명한데 이 시는 '나라를 위해서라면 기꺼이 죽겠다'는 정몽주의 나라를 사랑하는 마음이 담긴 시예요. 고려가 기울어져 갈 때 그는 왕과 나라를 지키기 위해 열심히 일했지만 조선을 세운 이성계가 세력을 키우면서 고려는 결국 멸망하게 되었어요. 오늘은 자신의 믿음을 지키고 나라를 위해 목숨을 바친 정몽주에 대해 알아볼까요?

미션 1 다단을 설정해 보아요.

1. '한글 2022' 프로그램을 실행하고 예제 파일을 불러와 서식 도구 상자에서 그림과 같이 글자 서식을 지정합니다.

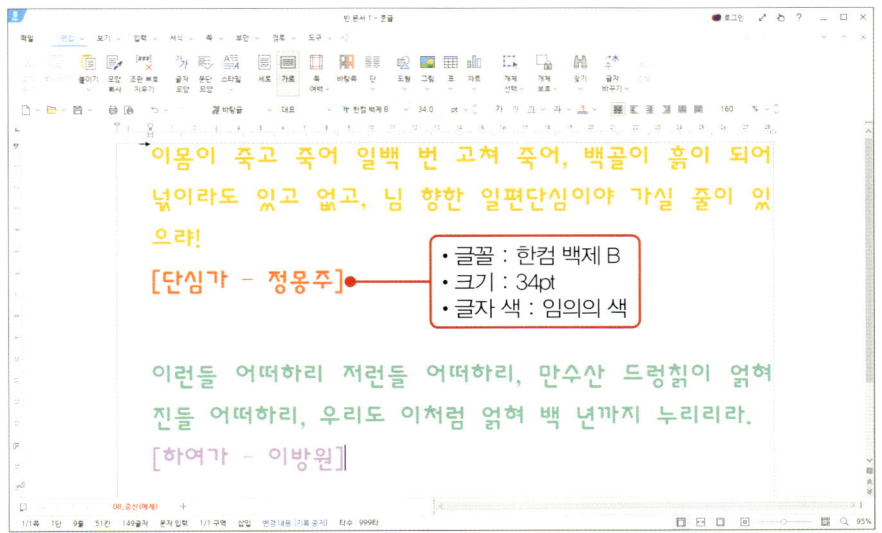

② [쪽] 탭-[단(▦)]을 클릭합니다.

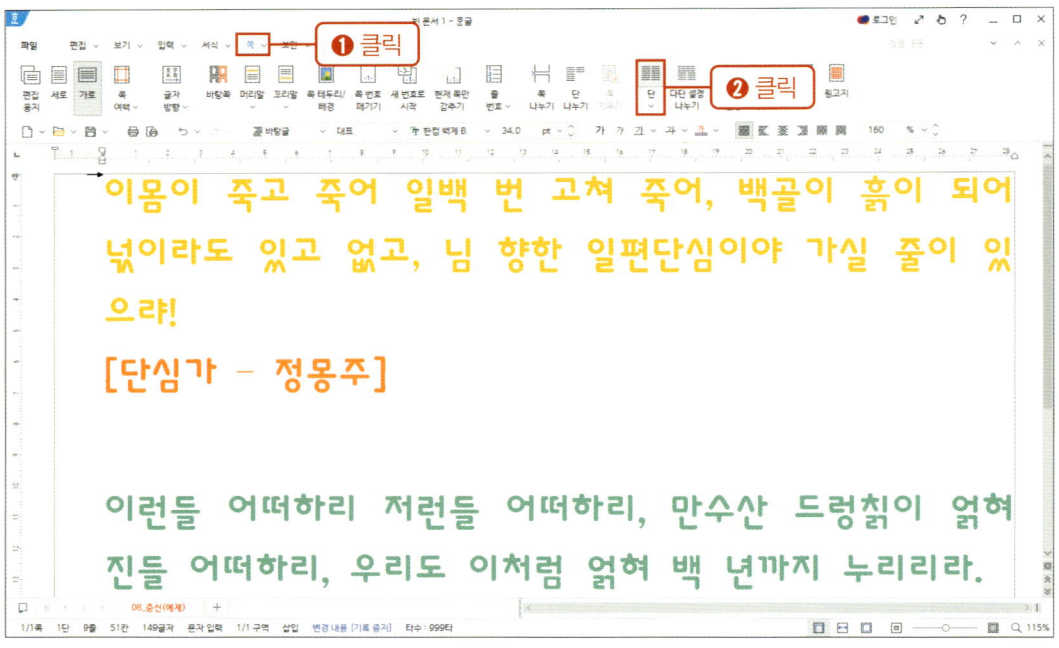

③ [단 설정] 대화상자가 나타나면 [자주 쓰이는 모양]에서 '오른쪽'을 선택하고 그림과 같이 구분선 속성을 지정한 후 [설정] 단추를 클릭합니다.

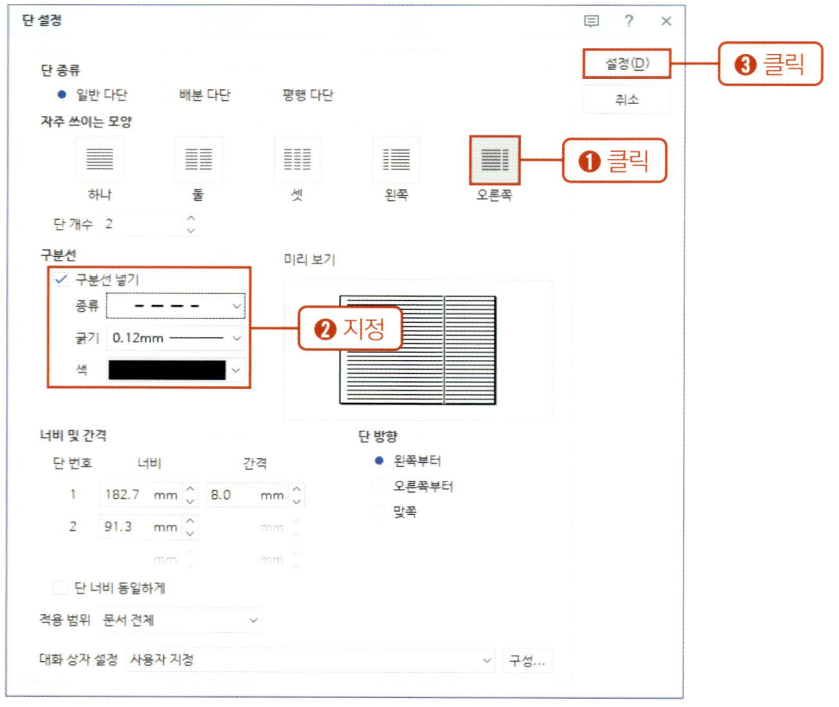

 **문단 첫 글자 장식을 설정해 보아요.**

① 첫 번째 줄의 '이' 글자 앞쪽에 마우스 커서를 위치시킨 후 [서식] 탭 목록 단추(▼)-[문단 첫 글자 장식]을 클릭하여 [문단 첫 글자 장식] 대화상자가 나타나면 모양('2줄'), 글꼴('한컴 바겐세일 B'), 선 종류('점선'), 선 굵기('0.5mm'), 선 색['빨강(RGB: 255,0,0)'], 면 색['노랑(RGB: 255,255,0)']을 지정하고 [설정] 단추를 클릭합니다.

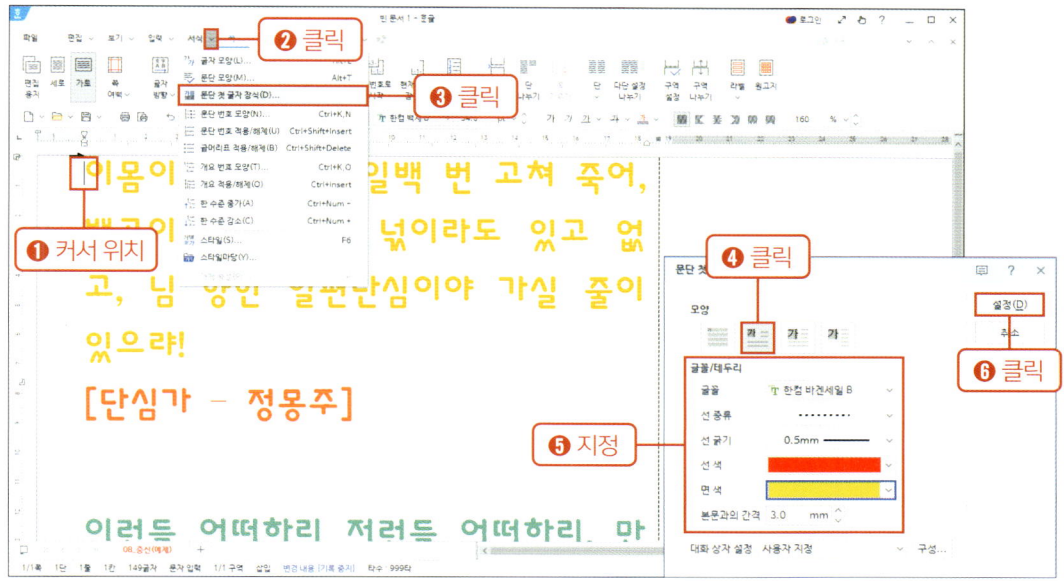

② ①과 같은 방법으로 두 번째 문단도 문단 첫 글자 장식을 이용하여 자유롭게 꾸며 봅니다.

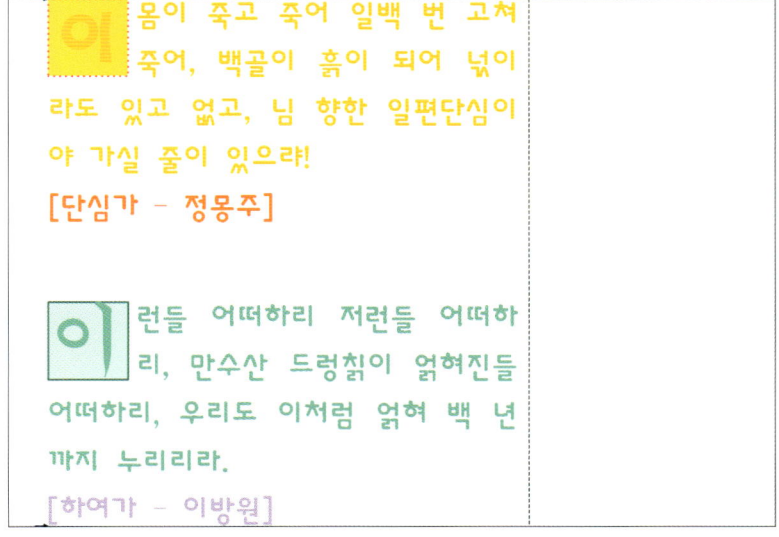

08

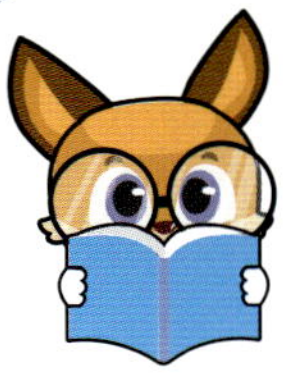

혼자 할 수 있어요!

• 예제 파일 : 08_외교달인(예제).hwpx
• 완성 파일 : 08_외교달인(완성).hwpx

01 예제 파일을 실행한 후 다단과 문단 첫 글자 장식을 이용하여 그림과 같은 문서를 완성해 보세요.

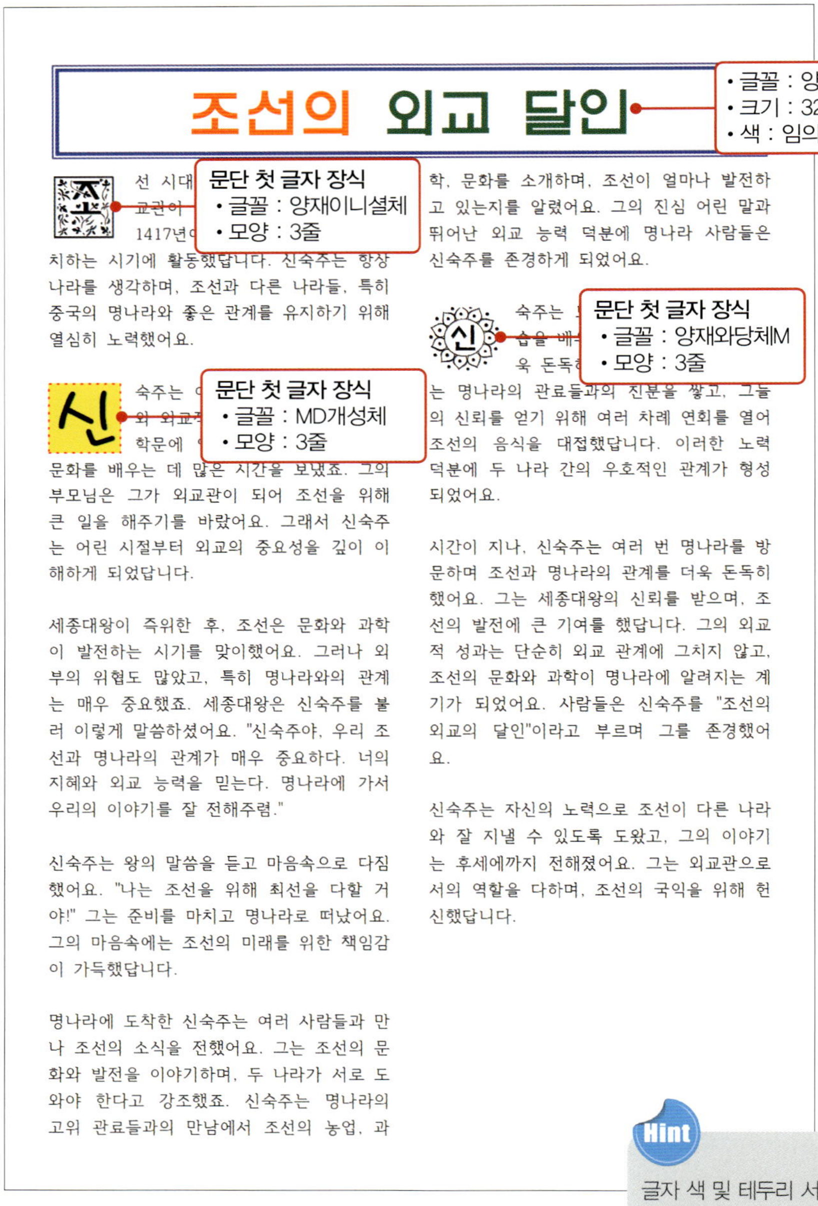

조선의 외교 달인

선 시대 ... 교관이 ... 1417년 ... 치하는 시기에 활동했답니다. 신숙주는 항상 나라를 생각하며, 조선과 다른 나라들, 특히 중국의 명나라와 좋은 관계를 유지하기 위해 열심히 노력했어요.

신 숙주는 ... 와 외교 ... 학문에 ... 문화를 배우는 데 많은 시간을 보냈죠. 그의 부모님은 그가 외교관이 되어 조선을 위해 큰 일을 해주기를 바랐어요. 그래서 신숙주는 어린 시절부터 외교의 중요성을 깊이 이해하게 되었답니다.

세종대왕이 즉위한 후, 조선은 문화와 과학이 발전하는 시기를 맞이했어요. 그러나 외부의 위협도 많았고, 특히 명나라와의 관계는 매우 중요했죠. 세종대왕은 신숙주를 불러 이렇게 말씀하셨어요. "신숙주야, 우리 조선과 명나라의 관계가 매우 중요하다. 너의 지혜와 외교 능력을 믿는다. 명나라에 가서 우리의 이야기를 잘 전해주렴."

신숙주는 왕의 말씀을 듣고 마음속으로 다짐했어요. "나는 조선을 위해 최선을 다할 거야!" 그는 준비를 마치고 명나라로 떠났어요. 그의 마음속에는 조선의 미래를 위한 책임감이 가득했답니다.

명나라에 도착한 신숙주는 여러 사람들과 만나 조선의 소식을 전했어요. 그는 조선의 문화와 발전을 이야기하며, 두 나라가 서로 도와야 한다고 강조했죠. 신숙주는 명나라의 고위 관료들과의 만남에서 조선의 농업, 과학, 문화를 소개하며, 조선이 얼마나 발전하고 있는지를 알렸어요. 그의 진심 어린 말과 뛰어난 외교 능력 덕분에 명나라 사람들은 신숙주를 존경하게 되었어요.

신 숙주는 ... 습을 배 ... 욱 돈독 ... 는 명나라의 관료들과의 친분을 쌓고, 그들의 신뢰를 얻기 위해 여러 차례 연회를 열어 조선의 음식을 대접했답니다. 이러한 노력 덕분에 두 나라 간의 우호적인 관계가 형성되었어요.

시간이 지나, 신숙주는 여러 번 명나라를 방문하며 조선과 명나라의 관계를 더욱 돈독히 했어요. 그는 세종대왕의 신뢰를 받으며, 조선의 발전에 큰 기여를 했답니다. 그의 외교적 성과는 단순히 외교 관계에 그치지 않고, 조선의 문화와 과학이 명나라에 알려지는 계기가 되었어요. 사람들은 신숙주를 "조선의 외교의 달인"이라고 부르며 그를 존경했어요.

신숙주는 자신의 노력으로 조선이 다른 나라와 잘 지낼 수 있도록 도왔고, 그의 이야기는 후세에까지 전해졌어요. 그는 외교관으로서의 역할을 다하며, 조선의 국익을 위해 헌신했답니다.

• 글꼴 : 양재튼튼체B
• 크기 : 32.0pt
• 색 : 임의의 색
문단 첫 글자 장식
• 글꼴 : 양재이니셜체
• 모양 : 3줄
문단 첫 글자 장식
• 글꼴 : MD개성체
• 모양 : 3줄
문단 첫 글자 장식
• 글꼴 : 양재와당체M
• 모양 : 3줄

Hint

글자 색 및 테두리 서식은 임의로 예쁘게 지정해 보세요.

09 문익점의 목화씨

학습목표
- 글상자를 삽입해요.
- 글상자를 복사해요.

▶ 예제 파일 : 09_문익점(예제).hwpx
▶ 완성 파일 : 09_문익점(완성).hwpx

톡톡! 문익점의 목화씨

고려 시대 문익점은 중국의 목화씨를 우리나라에 가져와 심었어요. 처음에는 목화씨가 잘 자라지 않았지만 그의 끈질긴 노력으로 사람들은 부드럽고 따뜻한 옷을 입을 수 있게 되었어요. 이러한 문익점의 노력은 한국의 섬유 산업 발전에 기여했어요. 오늘은 문익점의 목화씨와 관련된 OX 퀴즈를 만들어 볼까요?

미션1 글상자를 삽입해 보아요.

1 '한글 2022' 프로그램을 실행하고 예제 파일을 불러와 [입력] 탭 목록 단추(▼)-[글상자]를 클릭합니다.

2 마우스 커서가 '+' 모양으로 변경되면 그림과 같이 드래그하여 글상자를 삽입합니다.

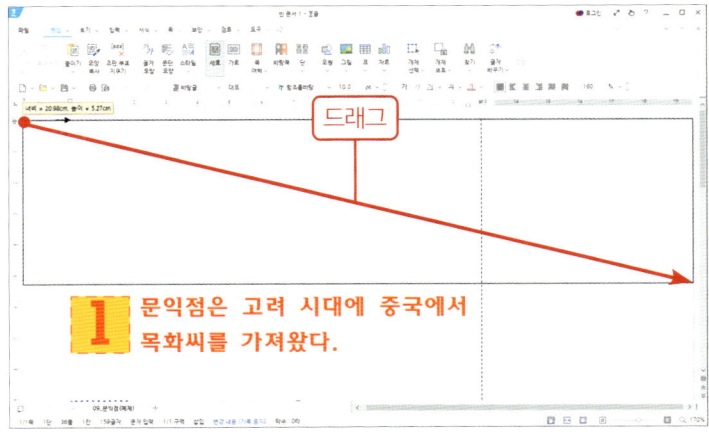

❸ 글상자 안에 마우스 커서가 깜박이면 내용을 입력한 후 그림과 같이 글자 서식을 지정합니다.

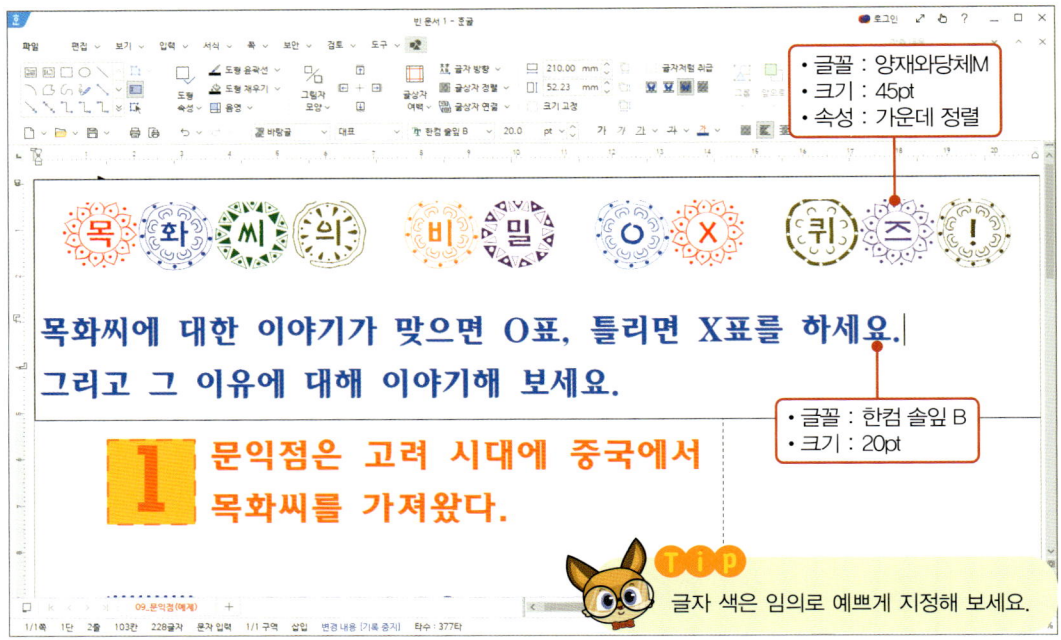

❹ 글상자를 더블클릭하여 [개체 속성] 대화상자가 나타나면 [선] 탭에서 선 종류('없음')를 선택하고 [채우기] 탭에서 면 색['주황(RGB: 255,132,58) 80% 밝게'], 무늬 색['하양(RGB: 255,255,255)'], 무늬 모양('하향 대각선')을 지정한 후 [설정] 단추를 클릭합니다.

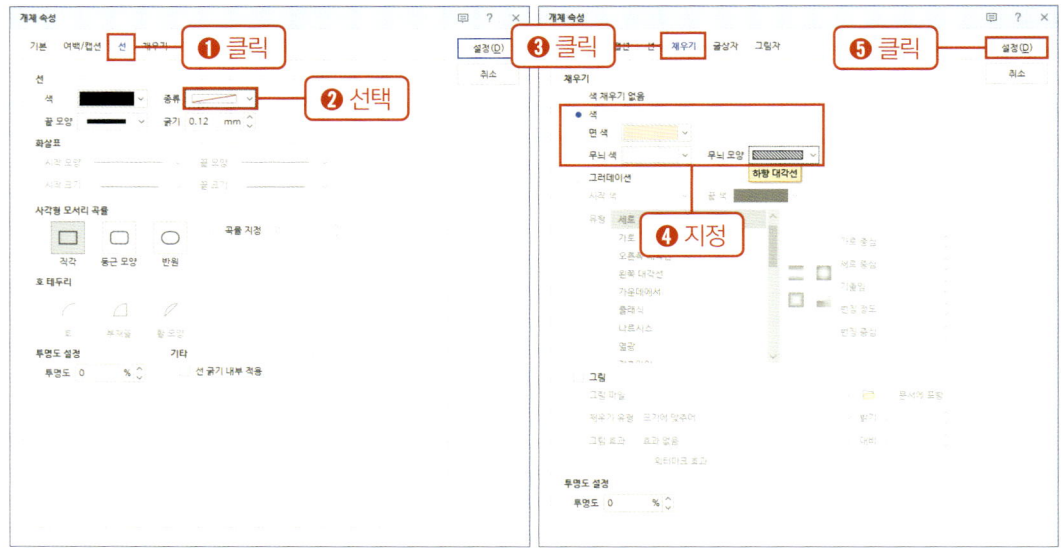

 **글상자를 복사하여 문서를 완성해 보아요.**

① [입력] 탭-[가로 글상자(▭)]를 클릭하고 Shift 를 누른 상태로 마우스를 드래그하여 글상자를 삽입합니다.

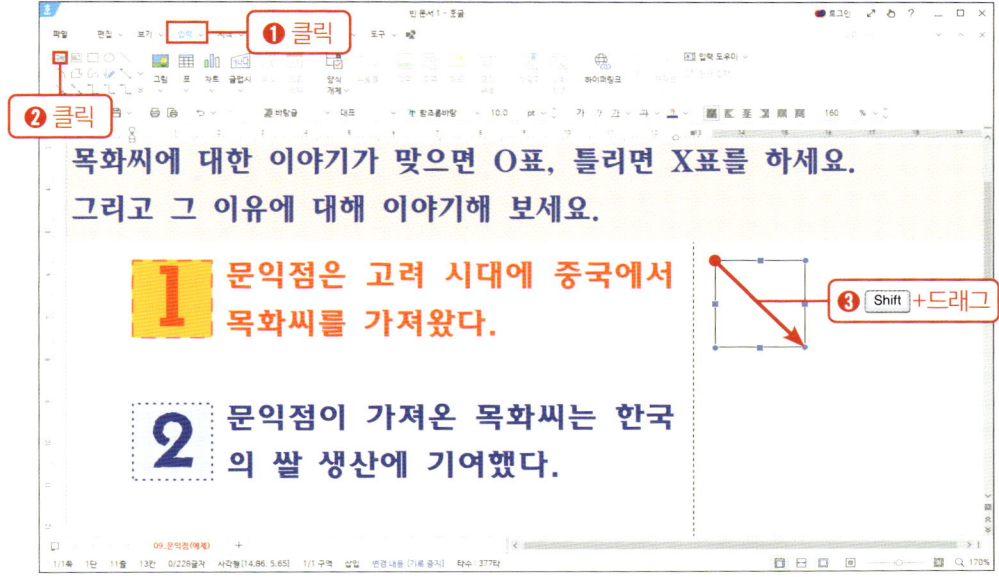

② 글상자를 더블클릭하여 [개체 속성] 대화상자가 나타나면 [선] 탭에서 선 종류('없음')와 사각형 모서리 곡률('둥근 모양')을 지정합니다.

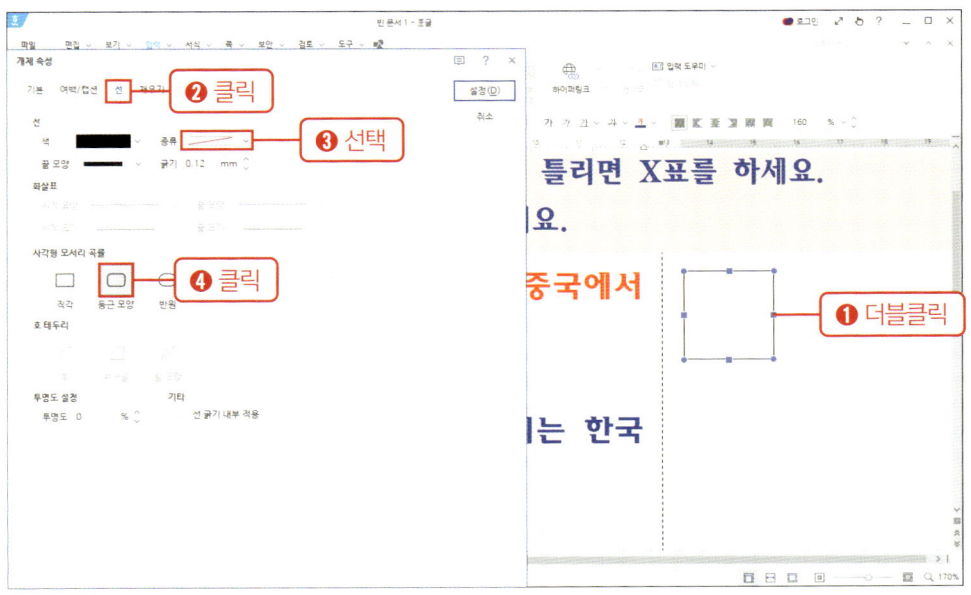

❸ [채우기] 탭에서 면 색['노랑(RGB: 255,215,0) 80% 밝게']을 지정하고 [설정] 단추를 클릭합니다.

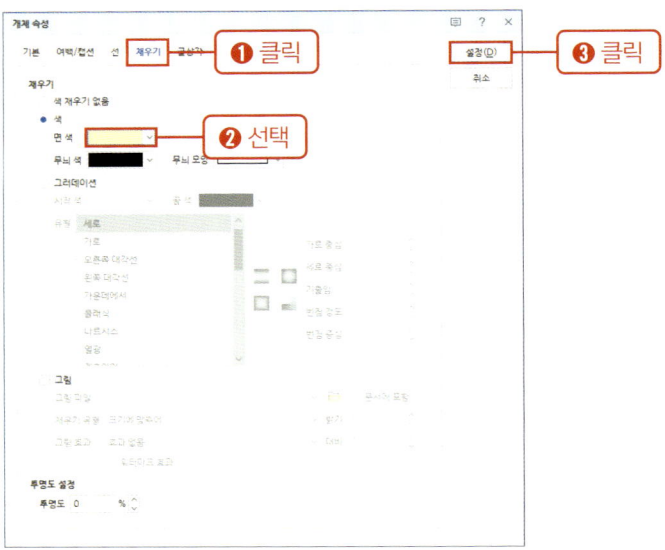

❹ 글상자 안쪽을 클릭하여 "O"를 입력하고 그림과 같이 글자 서식을 지정합니다.

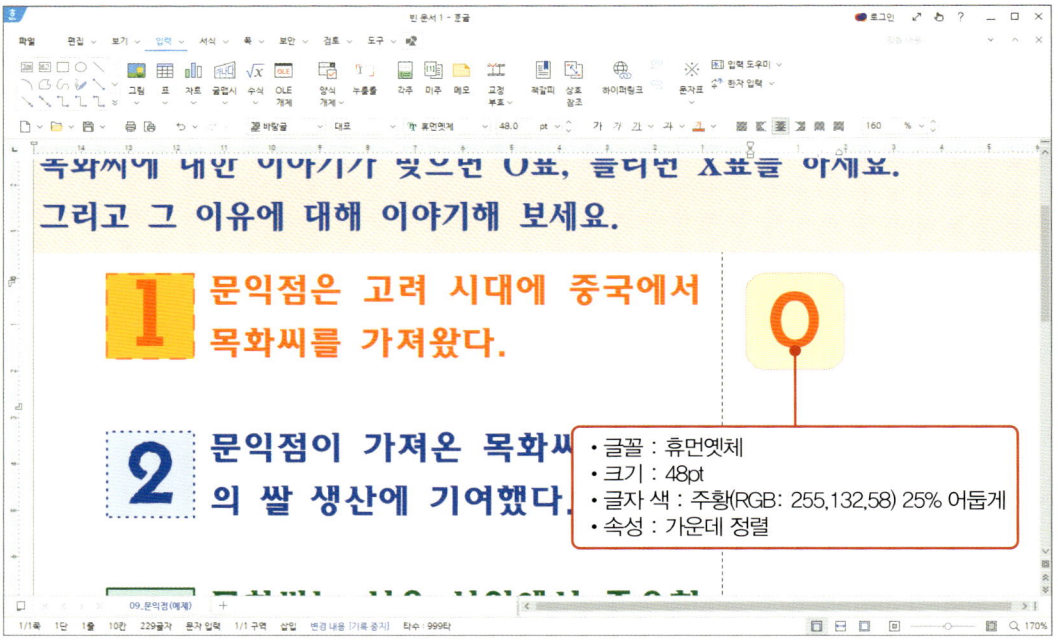

⑤ 글상자를 선택하고 Shift + Ctrl 을 누른 상태로 드래그하여 복사한 후 글상자 안의 글자를 "X"로 수정합니다.

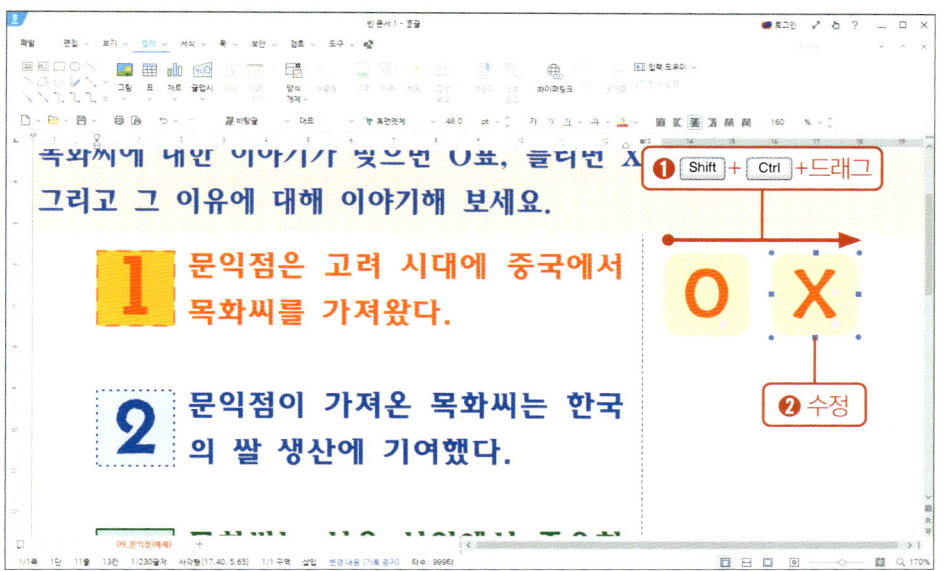

⑥ Shift 를 누른 상태로 2개의 글상자를 각각 클릭하여 선택한 후 Shift + Ctrl 을 누른 상태로 드래그하여 그림과 같이 OX 퀴즈를 완성합니다.

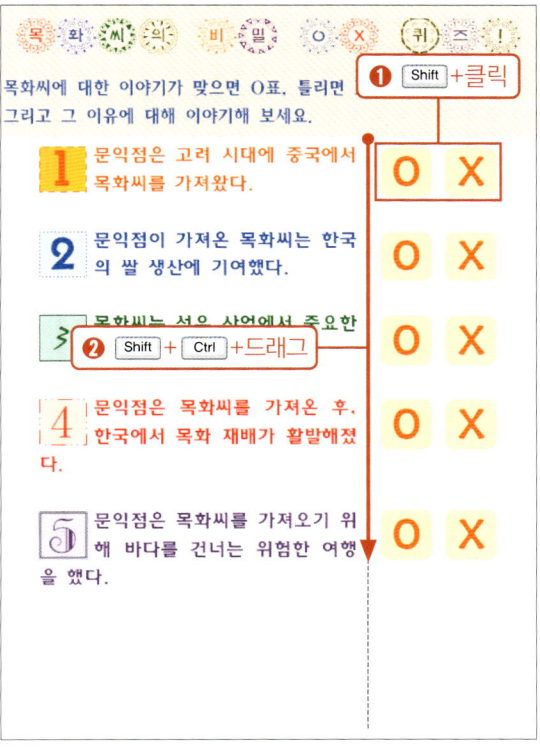

09 혼자 할 수 있어요!

- 예제 파일 : 배경.jpg
- 완성 파일 : 09_정약용(완성).hwpx

01 새 문서를 실행하고 편집 용지의 모든 여백을 '0mm'로 지정한 후 '배경.jpg' 이미지를 삽입해 보세요.

02 글상자를 삽입하여 그림과 같이 책 표지를 만들어 보세요.

- 글꼴 : 양재둘기체M
- 크기 : 48, 72pt
- 속성 : 가운데 정렬
- 면 색 : 하양(RGB: 255,255,255)
- 사각형 모서리 곡률 : 둥근 모양

- 글꼴 : 한컴 솔잎 B
- 크기 : 32, 24pt
- 글자 색 : 임의의 색
- 속성 : 오른쪽 정렬
- 면 색 : 없음
- 선 종류 : 없음

10 신사임당의 자연 도화지

학습목표
- 쪽 테두리와 배경을 꾸며요.
- 도형을 삽입하고 꾸며요.

▶ 예제 파일 : 배경.jpg
▶ 완성 파일 : 10_신사임당(완성).hwpx

톡톡! 신사임당

신사임당은 자연을 사랑하고 그림을 잘 그리는 소녀였어요. 결혼 후 아들 이이를 낳았고 "공부도 중요하지만, 자연도 사랑해야 해!"라며 유교의 가르침과 자연의 아름다움을 전했어요. 이이는 훌륭한 학자로 성장했고 신사임당은 많은 이들에게 존경 받는 인물이 되었어요. 오늘은 신사임당의 이야기로 자연을 활용한 작품을 만들어 볼까요?

미션 1 쪽 테두리와 배경을 꾸며 보아요.

① '한글 2022' 프로그램을 실행하고 새 문서를 실행한 후 [쪽] 탭-[쪽 테두리/배경()]을 클릭합니다.

② [쪽 테두리/배경] 대화상자가 나타나면 [배경] 탭-[그림]에 체크한 후 [그림 선택()]을 클릭하여 '배경.jpg' 파일을 선택하고 [열기] 단추를 클릭합니다.

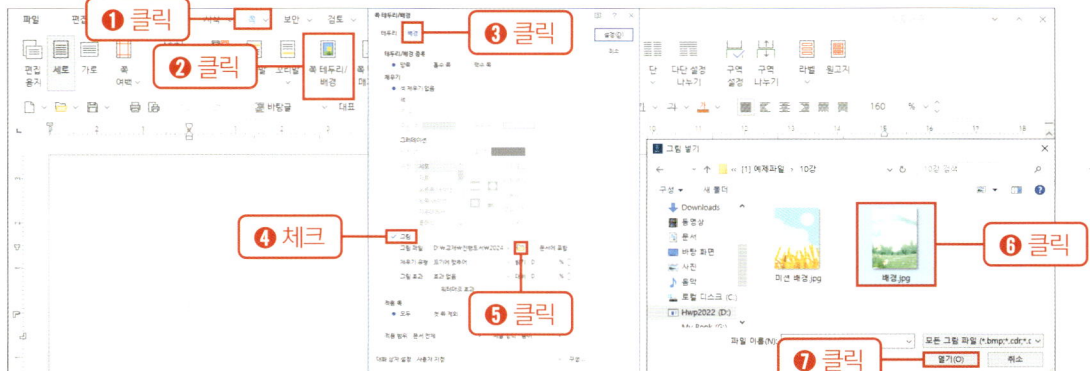

③ [테두리] 탭에서 테두리 종류('원형 점선')와 굵기('0.1mm')를 지정한 후 [색]을 클릭하고 [색 골라내기(✏)]를 클릭합니다.

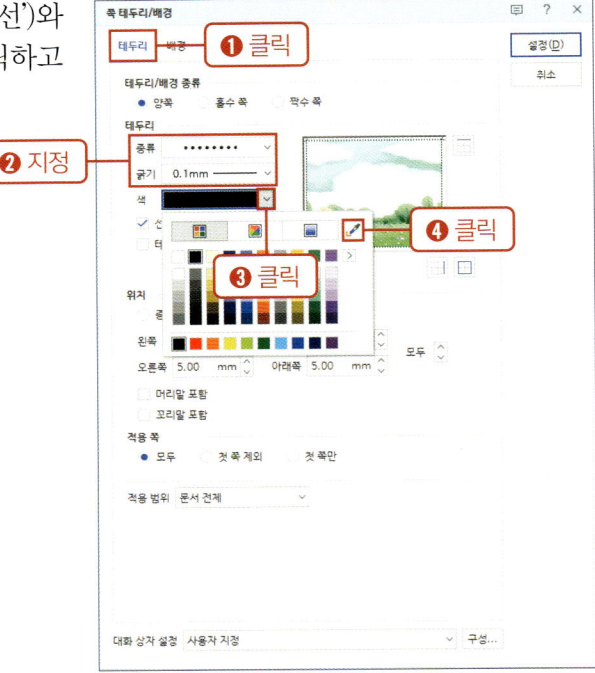

④ 마우스 포인터 모양이 변경되면 [미리 보기] 화면에서 '소나무'를 클릭한 후 '모두(□)'를 클릭하고 [설정] 단추를 클릭합니다.

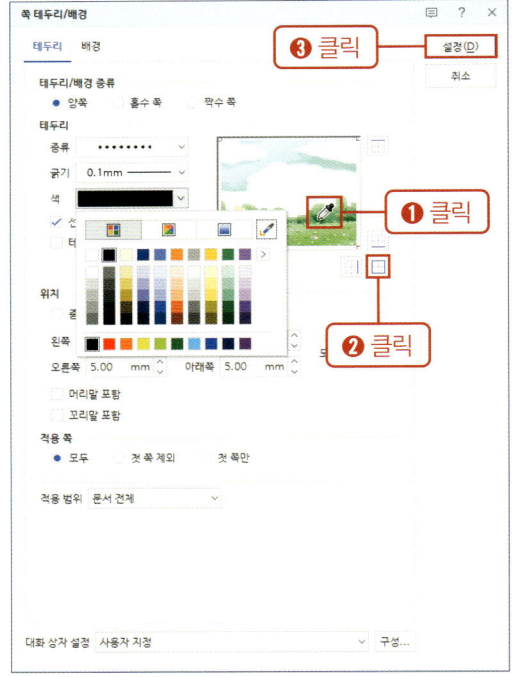

색 골라내기 기능은 화면에서 원하는 색상을 쉽게 추출하여 적용할 수 있는 기능이에요. 이 기능은 디자인 작업이나 문서 작성 시 색상 조합을 맞추는 데 도움이 돼요.

 **도형을 삽입하고 꾸며 보아요.**

① [입력] 탭-[직사각형(□)] 도형을 선택하고 마우스를 드래그하여 그림과 같이 도형을 삽입합니다.

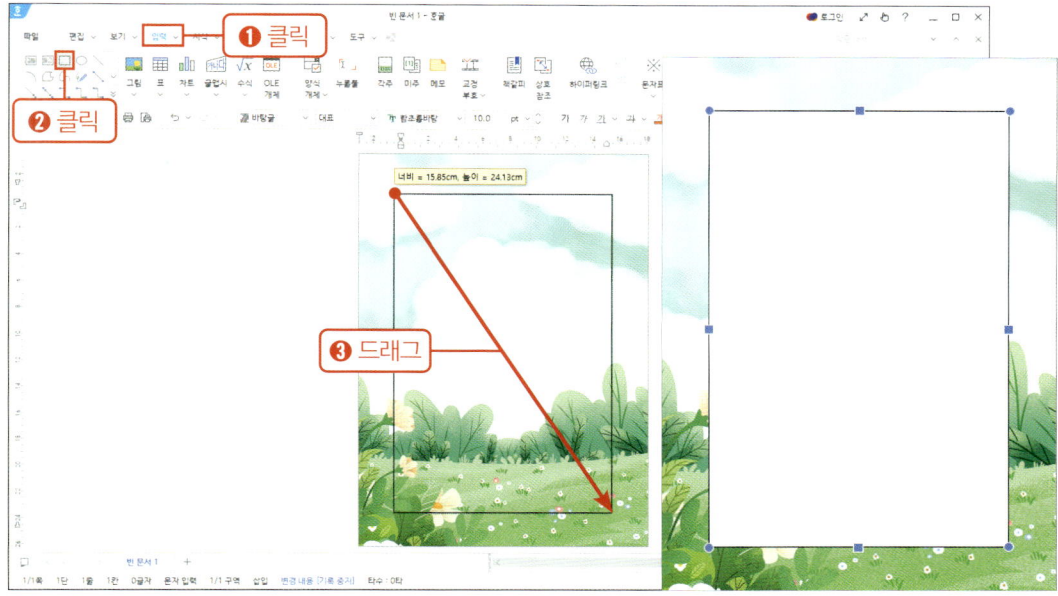

② 삽입된 도형을 더블클릭하여 [개체 속성] 대화상자가 나타나면 [선] 탭에서 종류('없음')를 선택하고 [채우기] 탭에서 면 색['하양(RGB: 255,255,255)']을 선택한 후 [설정] 단추를 클릭합니다.

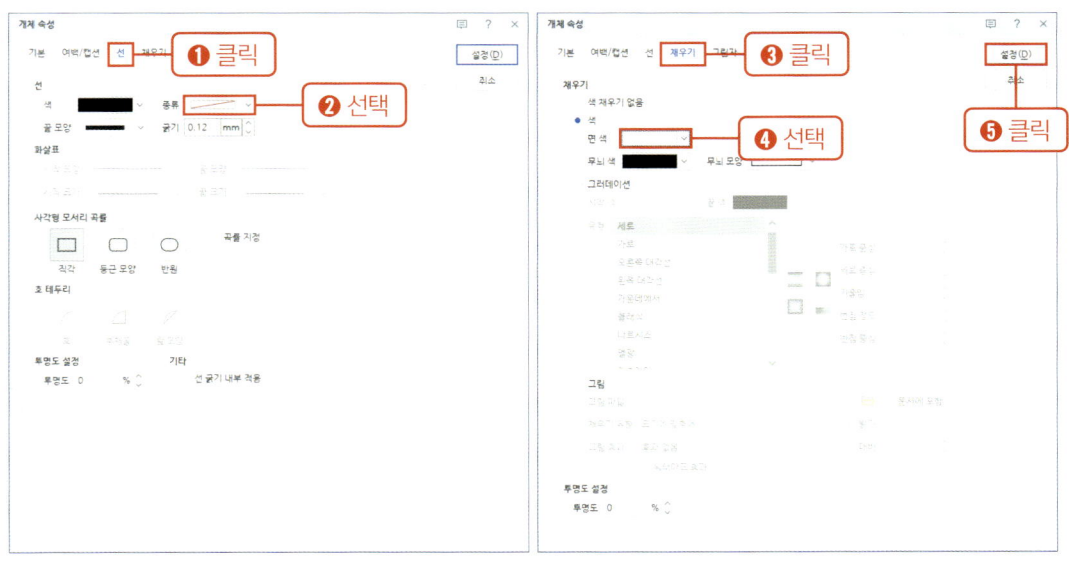

❸ [입력] 탭–[가로 글상자(▥)]를 클릭하여 그림과 같이 삽입한 후 서식을 지정합니다.

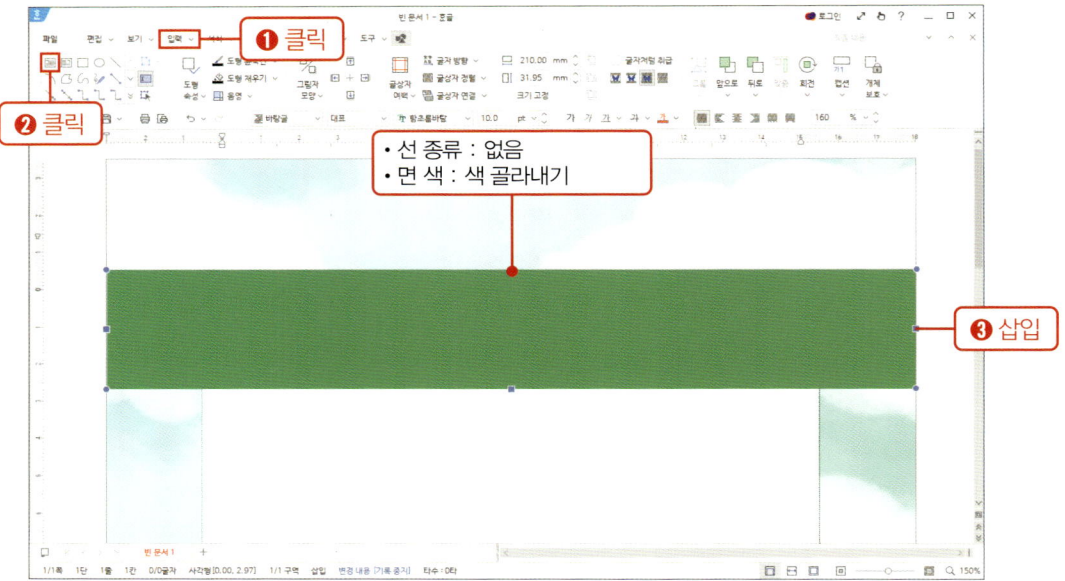

❹ 글상자를 클릭하여 글자를 입력할 수 있는 상태가 되면 그림과 같이 내용을 입력하고 글자 서식을 지정합니다.

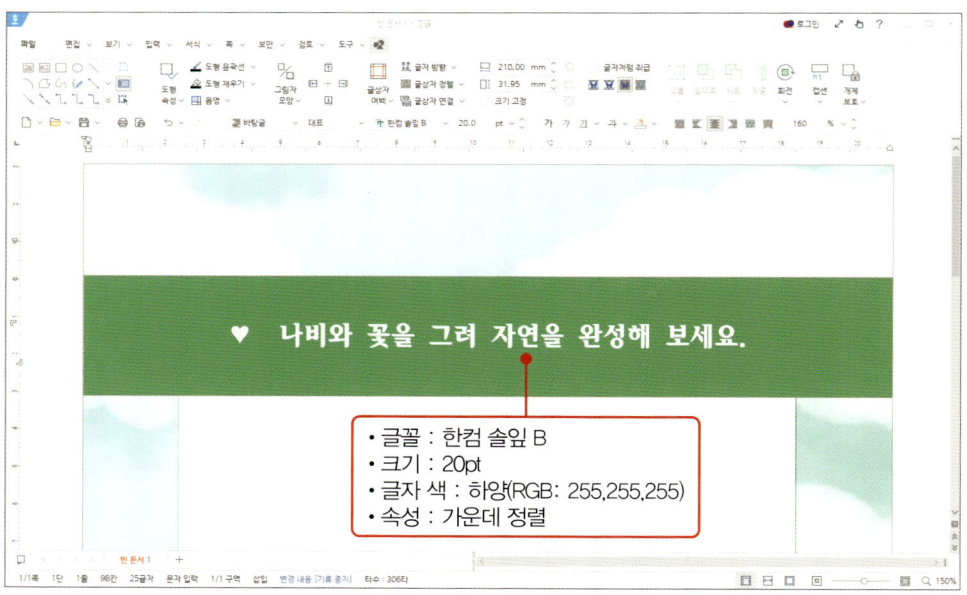

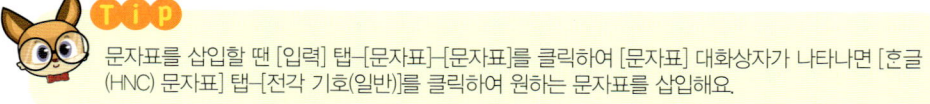

문자표를 삽입할 땐 [입력] 탭–[문자표]–[문자표]를 클릭하여 [문자표] 대화상자가 나타나면 [한글(HNC) 문자표] 탭–[전각 기호(일반)]를 클릭하여 원하는 문자표를 삽입해요.

10   혼자 할 수 있어요!

• 예제 파일 : 미션 배경.jpg
• 완성 파일 : 10_버킷리스트(완성).hwpx

01 새 문서를 실행한 후 쪽 테두리/배경과 도형, 글상자를 이용하여 그림과 같이 버킷리스트 작성 문서를 완성해 보세요.

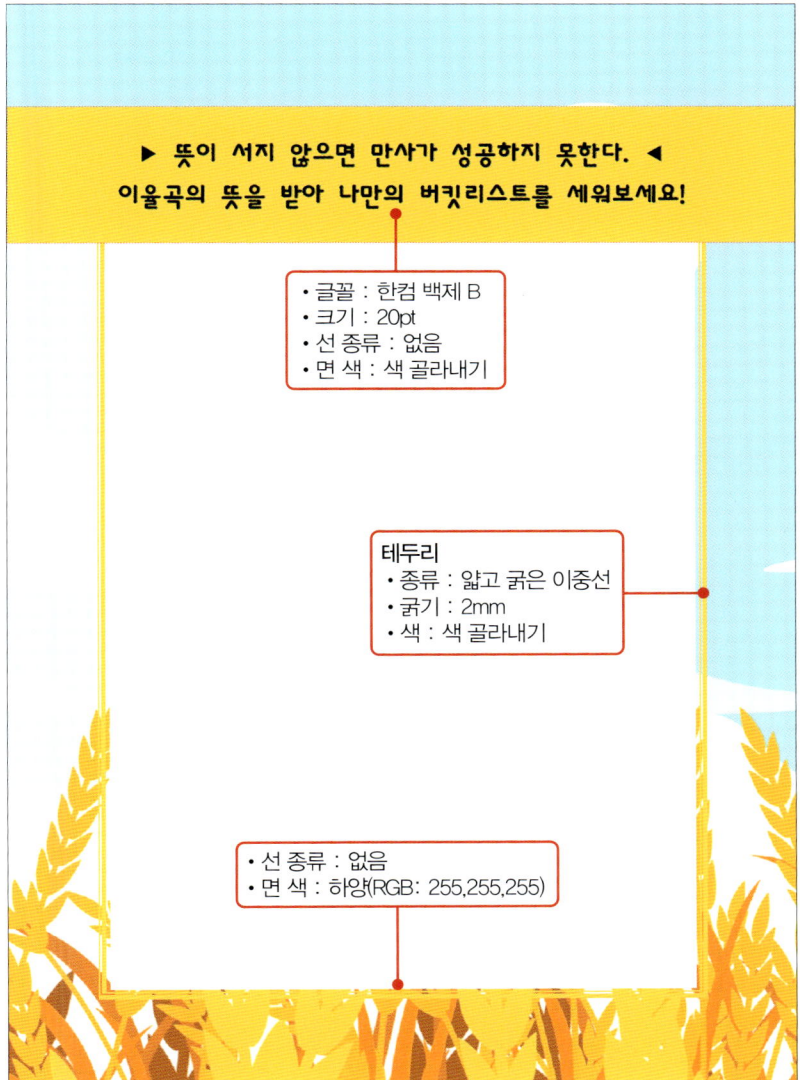

11 조선의 해양 영웅 이순신

학습목표
- 도형에 그림을 넣고 회전시켜요.
- 도형의 밝기와 그림자를 지정해요.

▶ 예제 파일 : 11_이순신(예제).hwpx, 이미지1.png, 이미지2.png
▶ 완성 파일 : 11_이순신(완성).hwpx

톡톡! 이순신 장군

이순신 장군은 16세기 조선 시대의 용감한 장군으로, 일본과의 전쟁에서 나라를 지킨 인물이에요. 그는 '거북선'을 만들어 적의 공격을 막았고 여러 전투에서 승리했는데, 특히 '명량해전'에서 적군의 숫자보다 훨씬 적은 군사로 큰 승리를 거두었어요. 오늘은 도형에 그림을 삽입하여 이순신 장군의 거북선을 만들어 볼까요?

미션 1 도형에 그림을 넣고 회전시켜 보아요.

① '한글 2022' 프로그램을 실행하고 예제 파일을 불러옵니다. [입력] 탭–[직사각형(□)] 도형을 클릭하여 문서 중앙에 도형을 삽입한 후 [🖼] 탭에서 너비('150mm')와 높이('156mm')를 지정합니다.

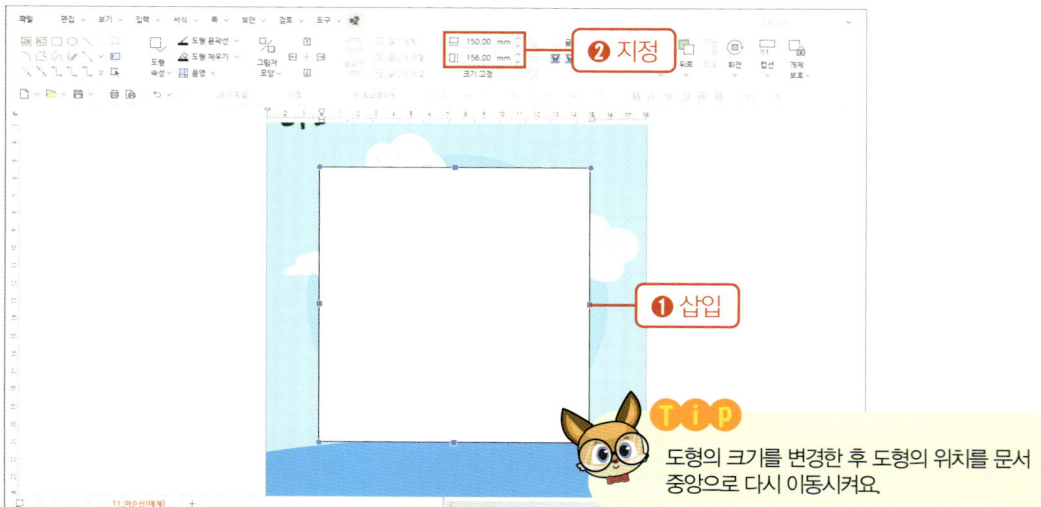

Tip 도형의 크기를 변경한 후 도형의 위치를 문서 중앙으로 다시 이동시켜요.

② 도형을 더블클릭하여 [개체 속성] 대화상자가 나타나면 [선] 탭에서 종류('없음')를 지정하고 [채우기] 탭에서 [색 채우기 없음]과 [그림]에 체크한 후 [그림 선택(📁)]을 클릭하여 '이미지1.png' 파일을 불러옵니다.

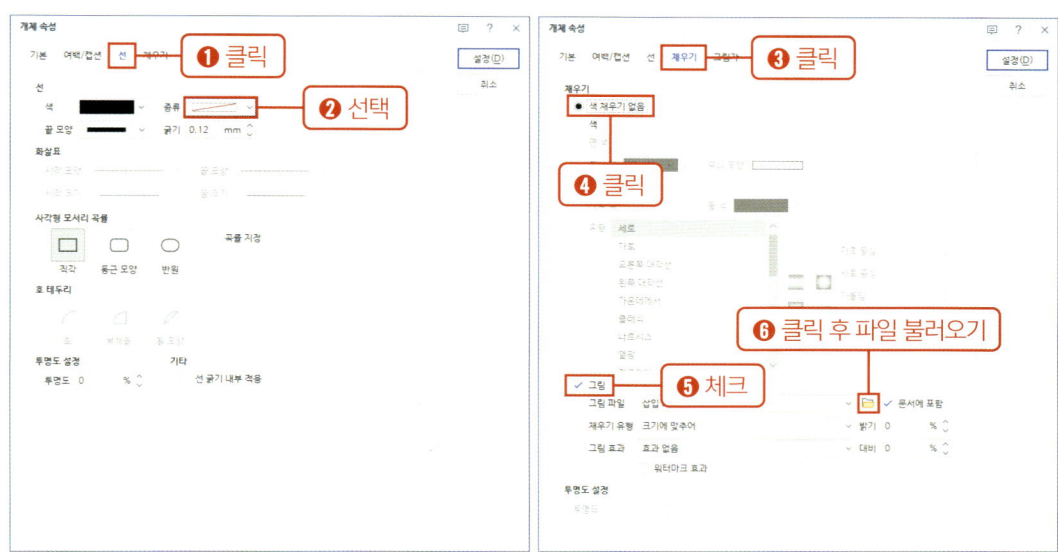

③ 이어서 채우기 유형을 '크기에 맞추어'로 선택한 후 [설정] 단추를 클릭합니다.

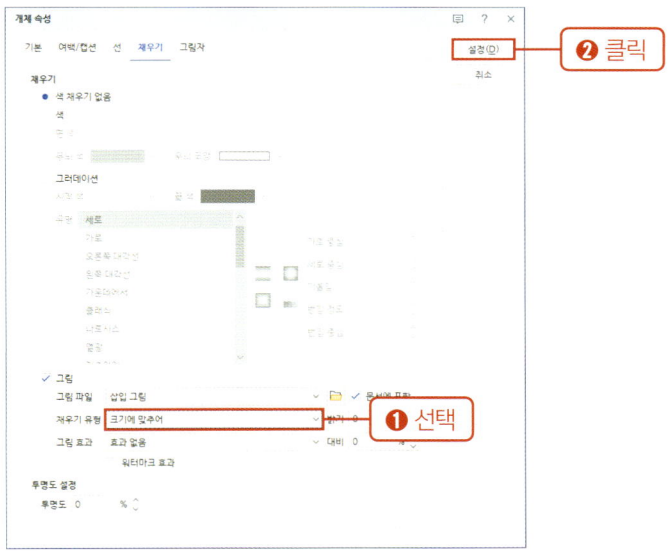

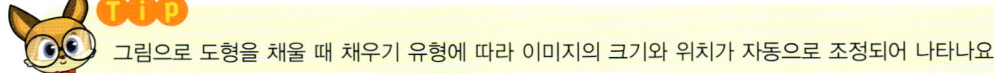

그림으로 도형을 채울 때 채우기 유형에 따라 이미지의 크기와 위치가 자동으로 조정되어 나타나요.

④ 도형을 선택하고 [🖼] 탭-[회전(◎)]-[개체 회전]을 클릭한 후 마우스 포인터를 조절점에 가져다 대어 회전 조절점(◎)이 나타나면 회전 조절점을 드래그하여 그림과 같이 회전시킵니다.

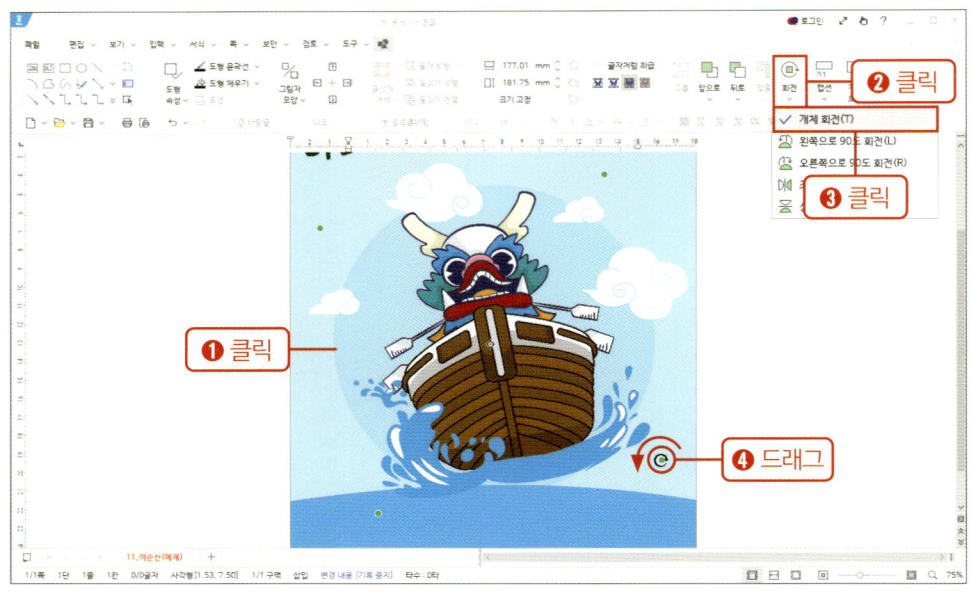

⑤ [파일] 탭-[미리 보기]를 클릭하여 문서 중앙에 그림이 삽입된 모습을 확인합니다.

 **미션 2** 도형의 밝기와 그림자를 지정해 보아요.

① [입력] 탭-[타원(○)] 도형을 선택하고 Shift 를 누른 상태로 드래그하여 그림과 같이 도형을 삽입합니다.

② 도형을 더블클릭하여 [개체 속성] 대화상자가 나타나면 [선] 탭에서 종류('없음')를 선택합니다. [채우기] 탭에서 [그림]에 체크하고 [그림 선택(📁)]을 클릭하여 '이미지2.png' 파일을 불러온 후 투명도를 '30%'로 지정합니다.

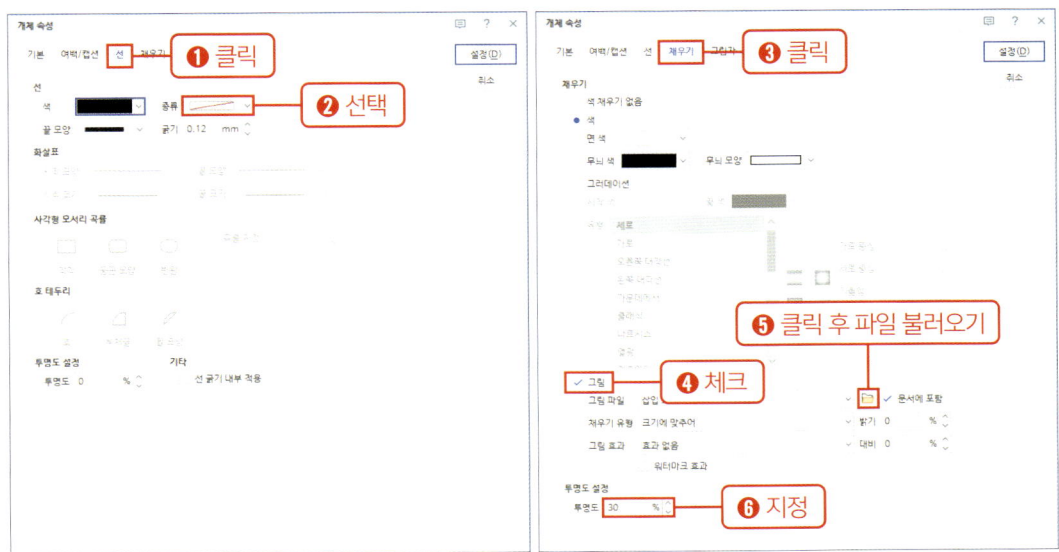

❸ [그림자] 탭-[종류]-[오른쪽 위]를 클릭하고 그림자 색['노랑(RGB: 255,215,0) 80% 밝게']을 지정한 후 [설정] 단추를 클릭합니다.

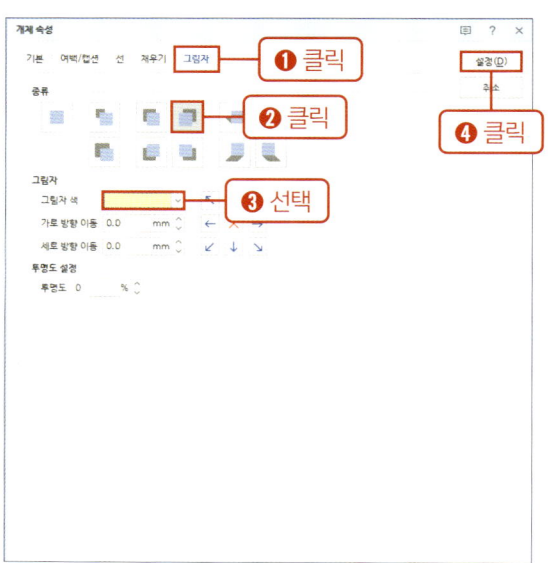

❹ [파일] 탭-[미리 보기]를 클릭하여 완성된 작품을 확인해 봅니다.

11

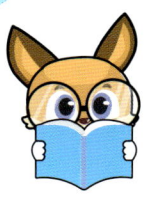

혼자 할 수 있어요!

- 예제 파일 : 11_행주대첩(완성).hwpx, 예제 이미지1.png, 예제 이미지2.png
- 완성 파일 : 11_행주대첩(완성).hwpx

01 도형에 이미지를 삽입하여 그림과 같이 행주대첩 작품을 완성해 보세요.

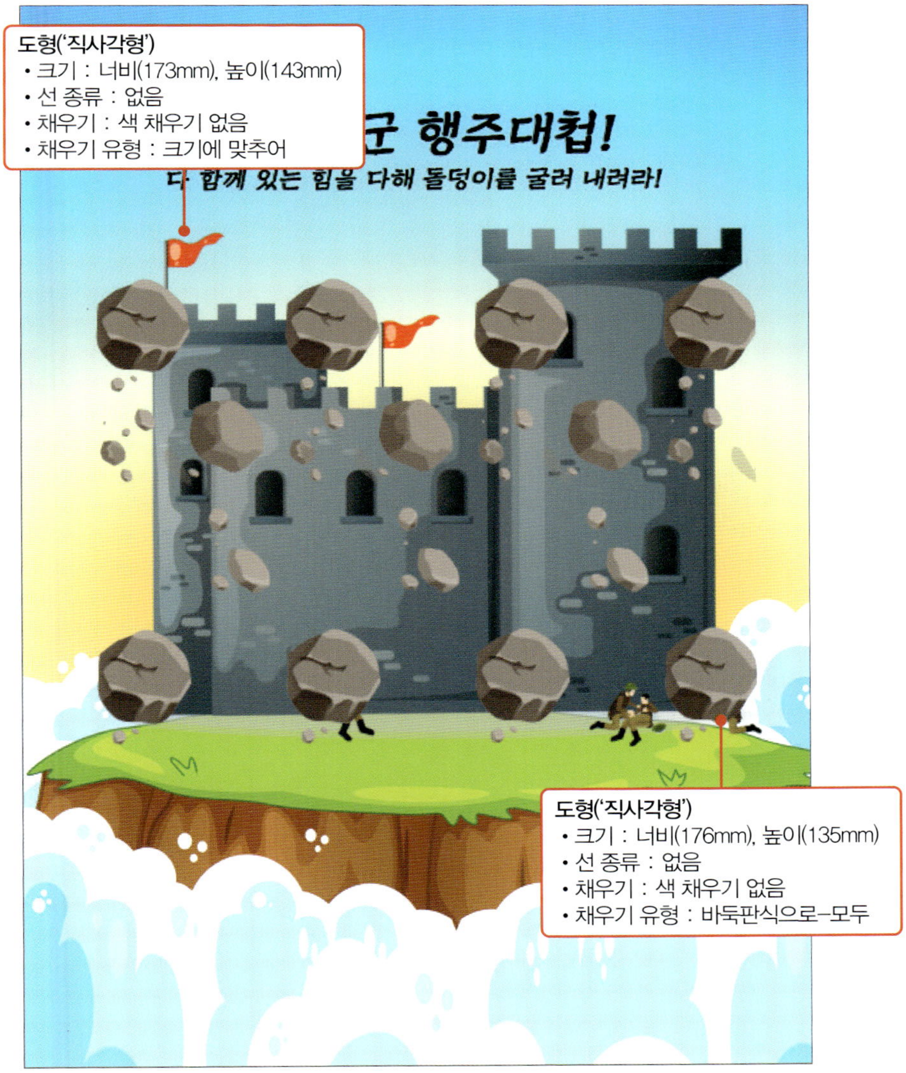

도형('직사각형')
• 크기 : 너비(173mm), 높이(143mm)
• 선 종류 : 없음
• 채우기 : 색 채우기 없음
• 채우기 유형 : 크기에 맞추어
군 행주대첩!
다 함께 있는 힘을 다해 돌덩이를 굴려 내려라!
도형('직사각형')
• 크기 : 너비(176mm), 높이(135mm)
• 선 종류 : 없음
• 채우기 : 색 채우기 없음
• 채우기 유형 : 바둑판식으로-모두

12 글자 하나로 세상을 바꾼 왕

학습목표
- 도형에 그러데이션을 지정해요.
- 여러 도형을 하나의 개체로 묶어요.

▶ 예제 파일 : 12_세종대왕(예제).hwpx, 이미지1.png
▶ 완성 파일 : 12_세종대왕(완성).hwpx

톡톡! 세종대왕

세종대왕은 조선의 제4대 왕으로 한글(훈민정음)을 창제한 업적으로 유명한 왕이에요. 그는 과학과 기술 발전에도 기여하여 물시계인 '자격루'와 천체 관측 기구인 '혼천의', '간의'를 제작했어요. 오늘은 우리나라 역사에서 중요한 인물로 남은 세종대왕의 업적을 알아볼까요?

미션 1 도형에 그러데이션을 지정해 보아요.

① '한글 2022' 프로그램을 실행하고 예제 파일을 불러옵니다. 첫 번째 도형을 더블클릭하여 [개체 속성] 대화상자가 나타나면 [채우기] 탭-[그림]에 체크하고 [그림 선택(📁)]을 클릭하여 '이미지1.png' 파일을 불러온 후 [설정] 단추를 클릭합니다.

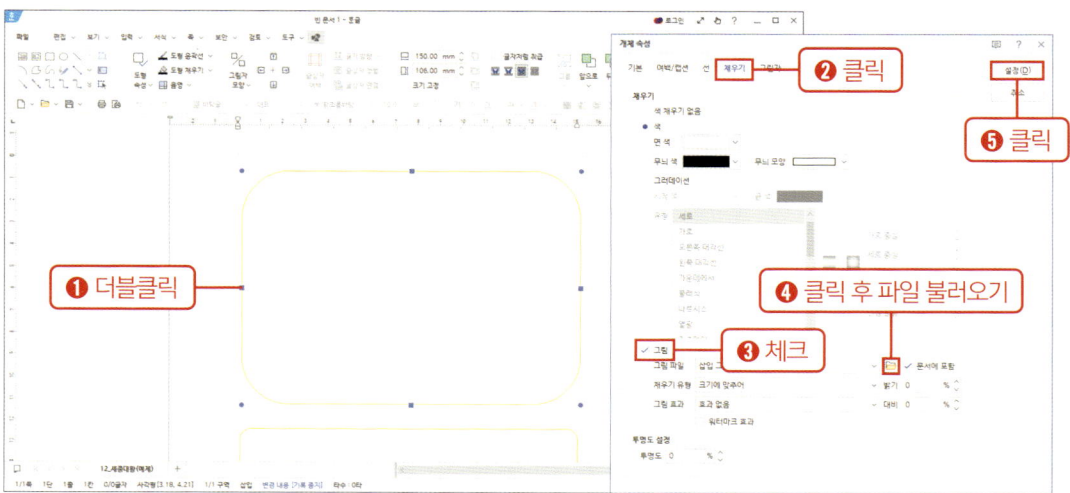

② 이어서 '직사각형' 도형을 더블클릭하여 [개체 속성] 대화상자가 나타나면 [채우기] 탭-[그러데이션]을 클릭하고 유형을 '열광'으로 선택한 후 [설정] 단추를 클릭합니다.

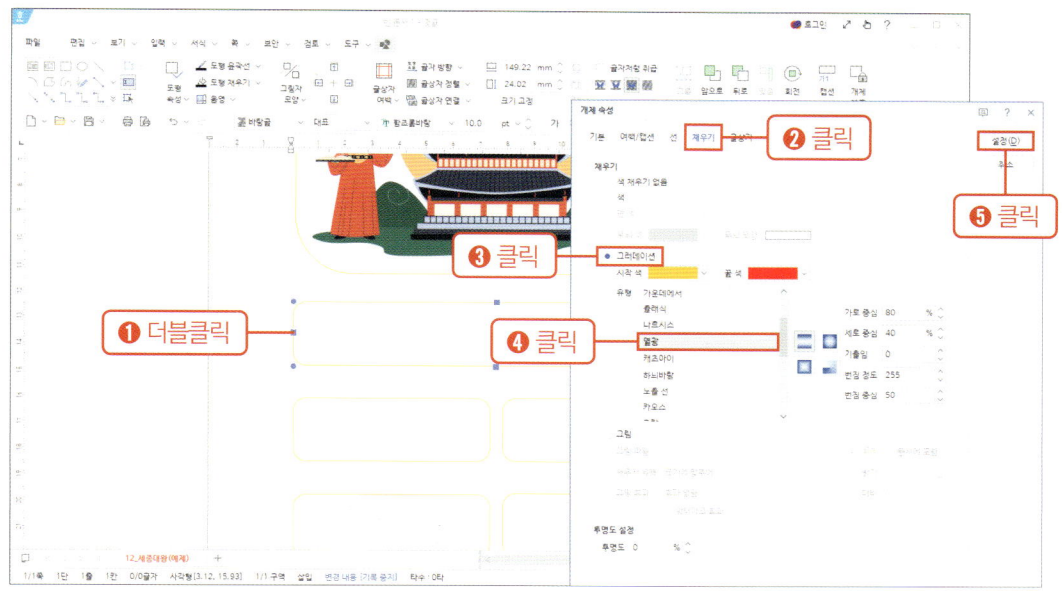

③ ②와 같은 방법으로 나머지 도형들도 그러데이션 효과를 적용합니다.

④ [입력] 탭-[가로 글상자(📄)]를 클릭하여 그림과 같이 글상자를 삽입하고 내용을 입력한 후 서식을 지정합니다.

⑤ 두 번째 도형 안쪽을 클릭하여 글자를 입력할 수 있는 상태가 되면 내용을 입력하고 글자 서식을 지정합니다. 같은 방법으로 나머지 도형에도 글자를 입력하고 글자 서식을 지정합니다.

 **여러 도형을 하나의 개체로 묶어 보아요.**

① [편집] 탭-[개체 선택(🔲)]을 클릭한 후 마우스를 드래그하여 모든 도형을 선택합니다.

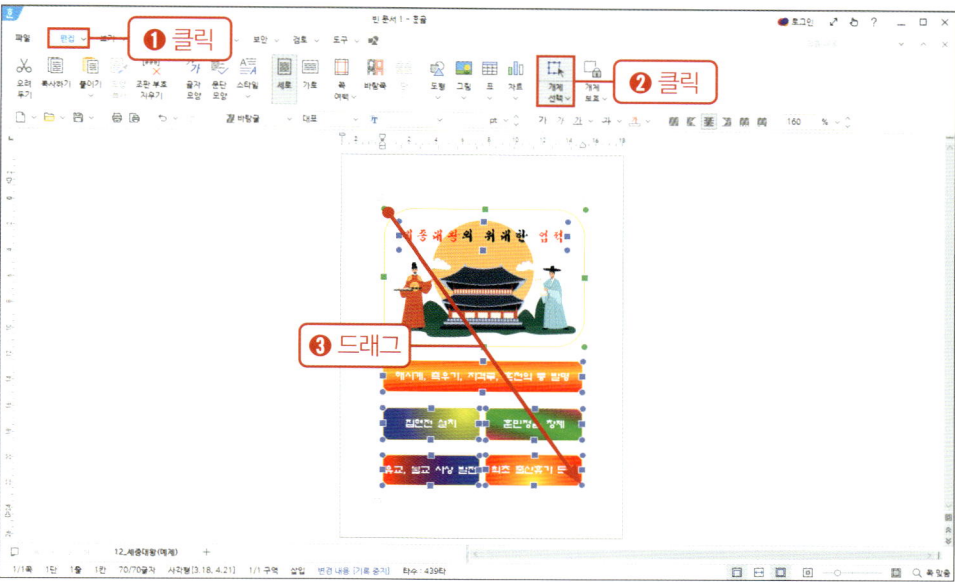

② [🖼] 탭-[그룹(🔳)]-[개체 묶기]를 클릭하여 하나의 개체로 그룹화합니다.

Tip
Ctrl + G 를 눌러 개체를 묶을 수도 있어요.

12 · 글자 하나로 세상을 바꾼 왕 **67**

혼자 할 수 있어요!

• 예제 파일 : 12_장영실(예제).hwpx
• 완성 파일 : 12_장영실(완성).hwpx

01 예제 파일을 실행한 후 직사각형 도형에 그림과 같이 그러데이션 효과를 지정해 보세요.

- 시작 색 : 검정(RGB: 0,0,0) 5% 밝게
- 끝 색 : 남색(RGB: 58,60,132) 25% 어둡게
- 유형 : 가로, 줄무늬

02 글상자를 삽입하여 제목을 입력하고 모든 개체를 하나의 개체로 묶어 보세요.

- 글꼴 : 한컴 솔잎 B
- 크기 : 32, 72pt
- 글자 색 : 하양(RGB: 255,255,255)
- 속성 : 가운데 정렬
- 선 종류 : 없음
- 채우기 색 : 색 채우기 없음

13 용기로 세상을 바꾼 안중근

학습목표
- 표를 만들고 표 스타일을 지정해요.
- 표 크기를 지정하고 합계를 구해요.

▶ 예제 파일 : 13_안중근(예제).hwpx
▶ 완성 파일 : 13_안중근(완성).hwpx

톡톡! 안중근 의사

안중근은 한국의 독립운동가로, 일본 제국의 식민지 지배에 저항한 인물이에요. 그는 1909년 하얼빈에서 한국 강제 병합을 주도한 인물인 이토 히로부미를 암살하여 한국의 독립 의지를 표명했어요. 그는 체포된 후에도 "나는 조국을 위해 싸웠다"며 독립에 대한 강한 의지를 드러냈어요. 오늘은 나라의 독립을 위해 싸우며 목숨을 바친 안중근 의사의 업적을 알아볼까요?

미션 1 표를 만들고 표 스타일을 지정해 보아요.

 ① '한글 2022' 프로그램을 실행하고 예제 파일을 불러온 후 제목 아랫줄을 클릭하여 표가 삽입될 위치를 지정합니다.

② [입력] 탭-[표(▦)]를 클릭하여 [표 만들기] 대화상자가 나타나면 줄 개수('6')와 칸 개수('3')를 입력하고 [글자처럼 취급]에 체크한 후 [만들기] 단추를 클릭합니다.

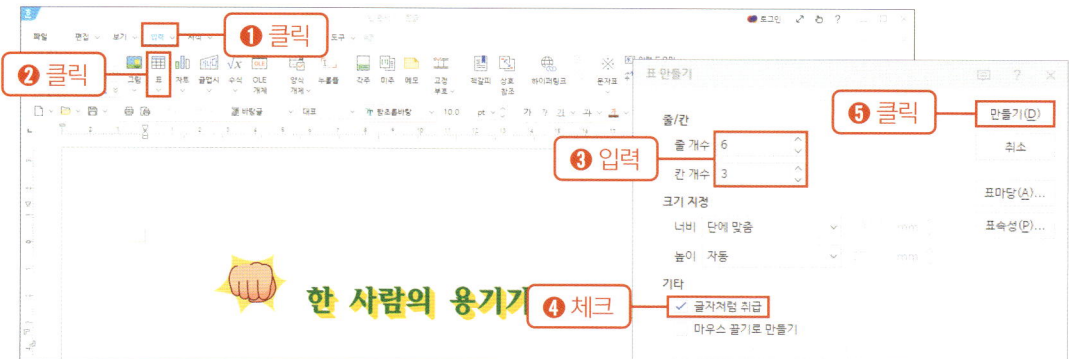

❸ 표가 삽입되면 그림과 같이 내용을 입력합니다.

연도	내용	소요 기간(년)
1879년 9월 2일	안중근 출생	1
1900년대 초	독립운동 및 조직 활동 시작	20
1909년 10월 26일	이토 히로부미 저격 직후 일본 경찰에 체포	9
1910년 3월 26일	뤼순 감옥에서 사형 집행	1
안중근 의사 별세 나이		

❹ 표를 선택하고 [표 디자인] 탭-[자세히(∨)]-[밝은 스타일 3-분홍 색조]를 클릭합니다.

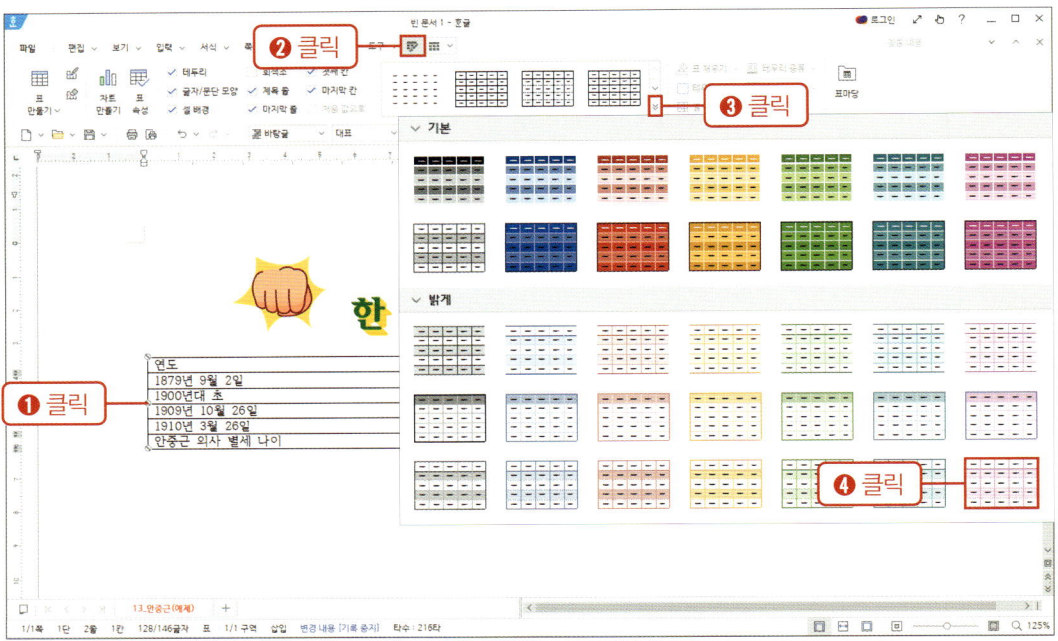

❺ Esc를 눌러 표 선택을 해제하고 그림과 같이 셀을 드래그하여 블록 지정한 후 M을 눌러 셀을 병합합니다.

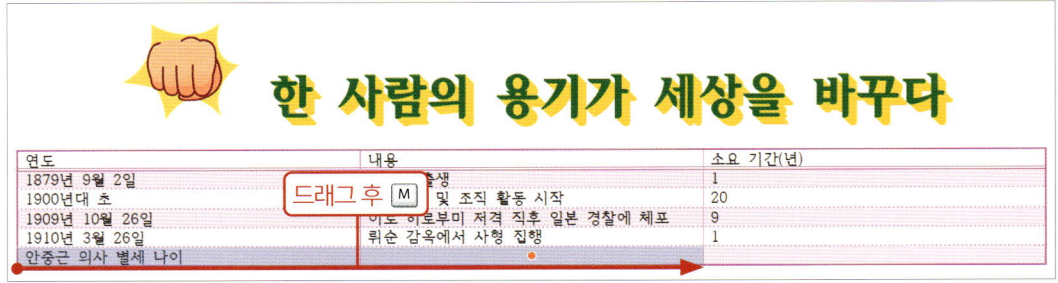

 **미션 2** 표 크기를 지정하고 블록 합계를 구해 보아요.

① 표의 마지막 줄에 마우스 포인터를 가져다 대고 마우스 포인터 모양이 변경되면 아래쪽으로 드래그하여 셀의 높이를 조절합니다.

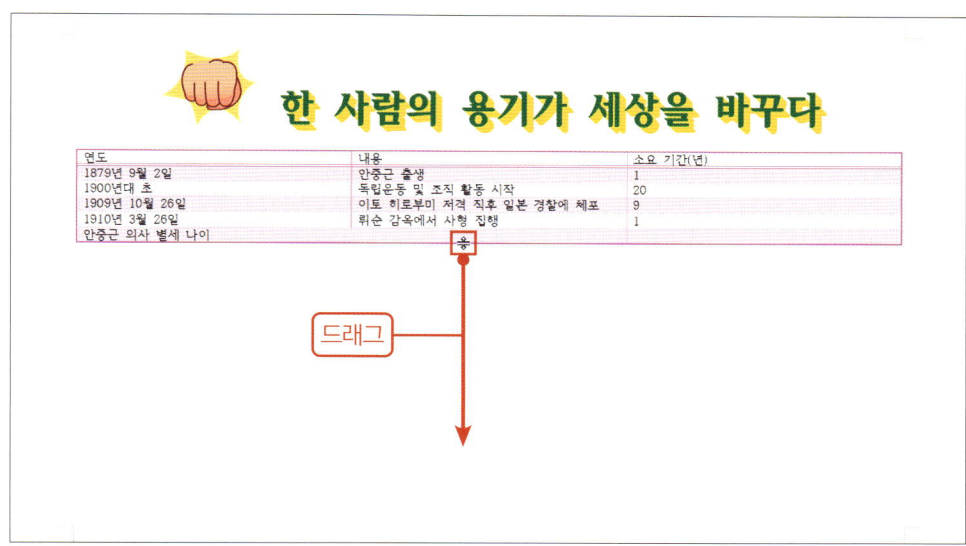

② 마우스를 드래그하여 전체 셀을 블록 지정하고 [표 레이아웃] 탭-[셀 높이를 같게(▦)]를 클릭합니다.

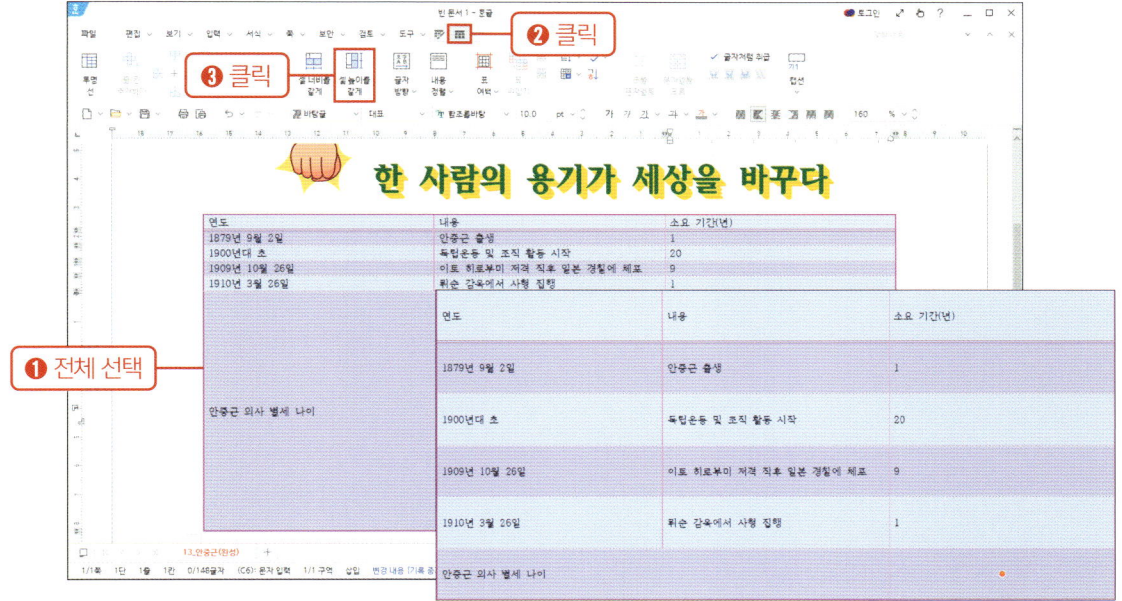

13 · 용기로 세상을 바꾼 안중근 71

4 서식 도구 상자에서 글꼴('한컴돋움'), 크기(14pt), 속성(진하게, 가운데 정렬)을 지정합니다.

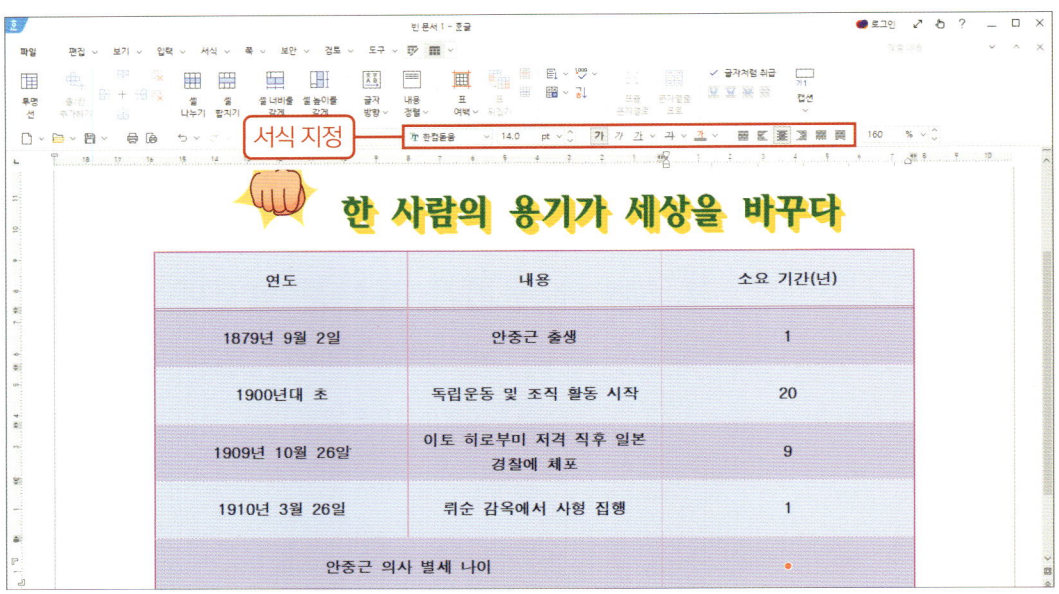

5 '소요 기간(년)' 영역을 그림과 같이 블록 지정한 후 [표 레이아웃] 탭-[계산식(🖩)]-[블록 합계]를 클릭합니다.

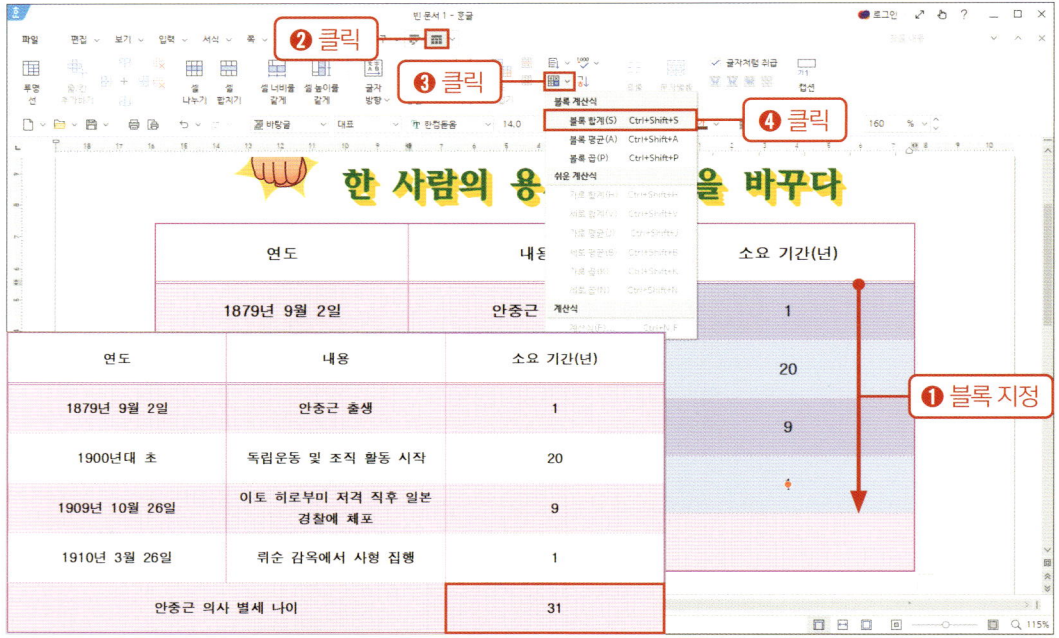

한글에서도 엑셀처럼 간단한 계산을 할 수 있는 기능이 있어요. 블록 계산식을 이용하면 블록 지정된 셀의 합, 평균, 곱의 값을 구할 수 있어요.

혼자 할 수 있어요!

• 예제 파일 : 13_유관순(예제).hwpx
• 완성 파일 : 13_유관순(완성).hwpx

01 예제 파일을 실행한 후 표를 이용하여 그림과 같은 문서를 만들어 보세요.

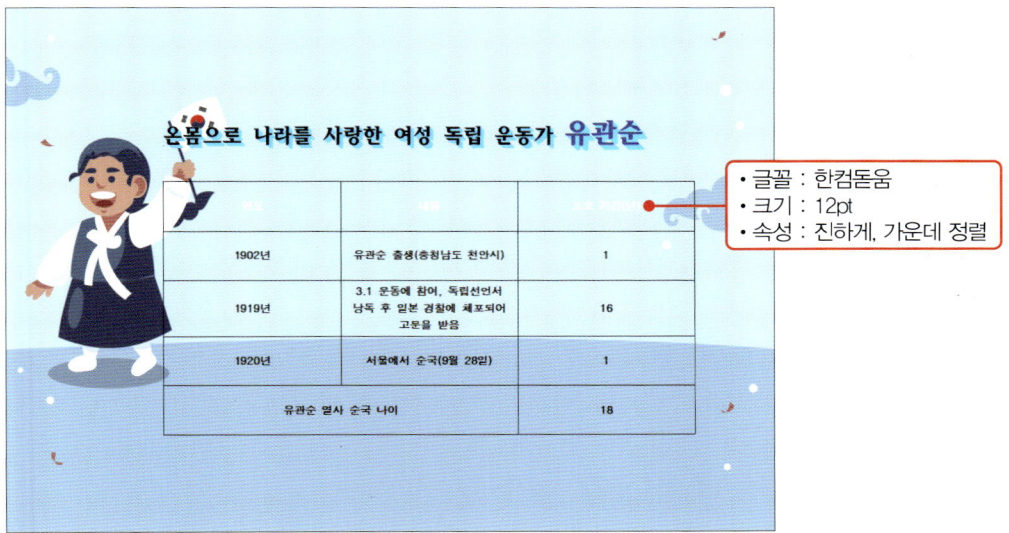

• 글꼴 : 한컴돋움
• 크기 : 12pt
• 속성 : 진하게, 가운데 정렬

02 표 스타일을 적용하고 블록 합계를 이용하여 유관순 열사의 순국 나이를 계산해 보세요.

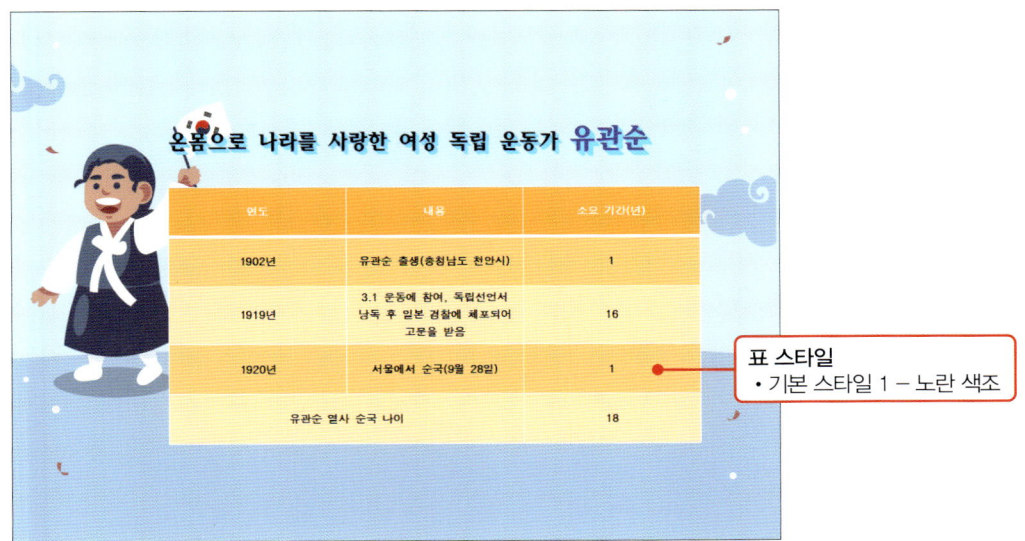

표 스타일
• 기본 스타일 1 – 노란 색조

14 조선 미녀 시인 황진이

학습목표
- 셀의 배경색을 지정해요.
- 셀의 테두리 색과 테두리 모양을 지정해요.
- 셀의 배경색을 그러데이션으로 지정해요.

▶ 예제 파일 : 14_황진이(예제).hwpx
▶ 완성 파일 : 14_황진이(완성).hwpx

톡톡! 황진이

황진이는 조선 시대의 유명한 예인이자 시인으로, 용모가 출중하고 시서 음률에 뛰어났어요. 그녀는 아름다운 외모와 뛰어난 재능으로 많은 사람들의 사랑을 받았고, 특히 사랑에 관한 시로 유명했답니다. 그녀의 작품으로는 '청산리 벽계수야', '동짓달 기나긴 밤' 등이 있어요. 오늘은 사람들의 편견과 싸우며 자신의 꿈을 포기하지 않고, 시를 통해 감정을 표현한 황진이에 대해 알아볼까요?

미션 1 셀의 배경색을 지정해 보아요.

① '한글 2022' 프로그램을 실행하고 예제 파일을 불러옵니다. 표의 첫 번째 줄을 드래그하여 블록 지정하고 [표 디자인] 탭-[표 채우기]-[팔레트]를 클릭한 후 색상 창에서 색상('RGB: 235,173,173')을 선택합니다.

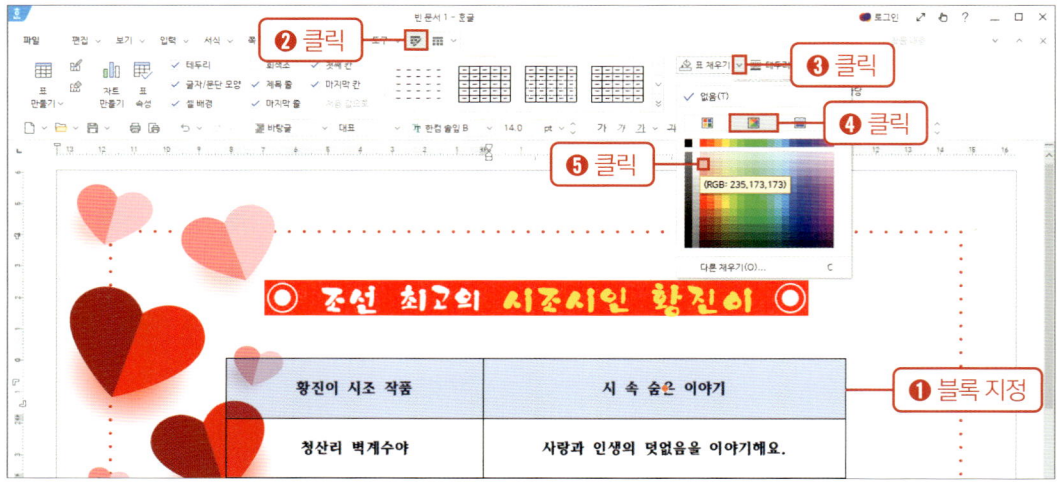

 **미션 2** 셀의 테두리 색과 테두리 모양을 지정해 보아요.

① 표의 첫 번째 줄을 블록 지정한 후 [표 디자인] 탭-[테두리 색]을 클릭하여 '빨강(RGB: 255,0,0)'을 선택합니다.

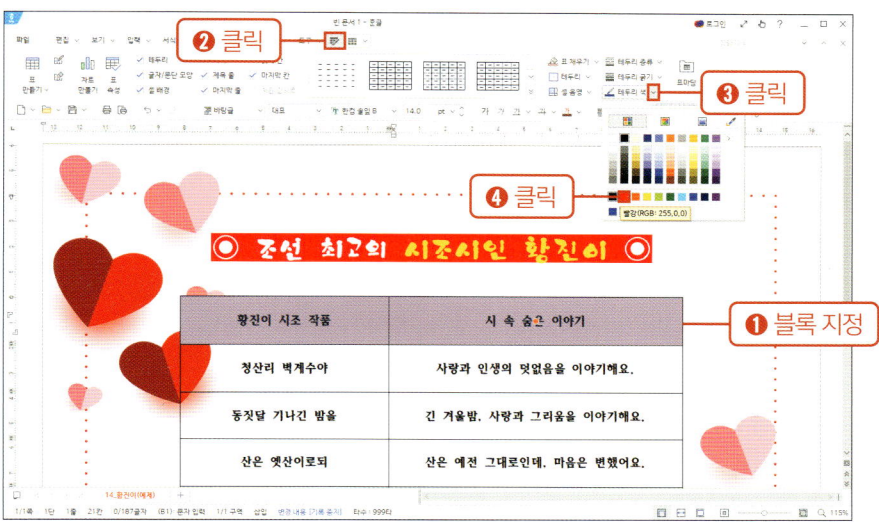

② [테두리 종류]를 클릭한 후 '이중 실선'을 선택합니다.

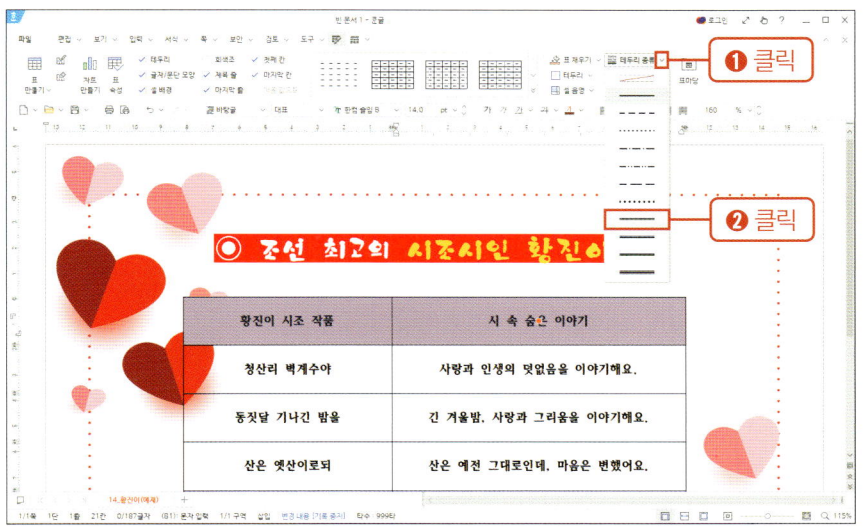

 **Tip** 표의 테두리를 변경할 때는 테두리 색, 종류, 굵기를 먼저 선택하고 어느 부분에 테두리 서식을 적용할지 선택해요.

❸ 이어서 [테두리]를 클릭한 후 '아래쪽 테두리'를 클릭합니다.

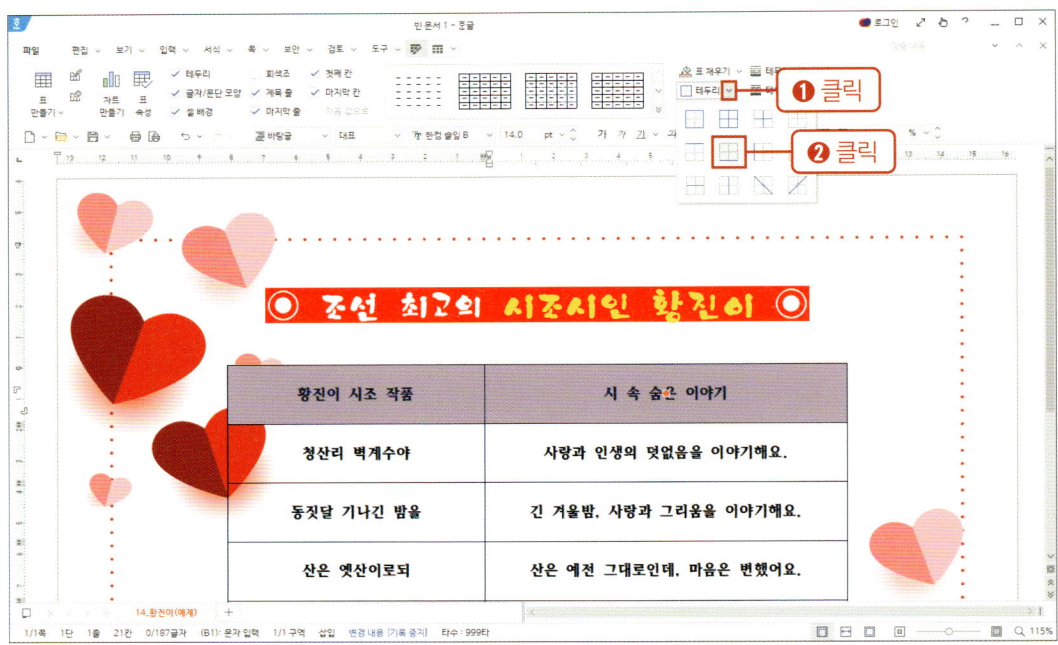

❹ ❸과 같은 방법으로 표 전체를 블록 지정한 후 [테두리]를 클릭하고 '바깥쪽 테두리'를 클릭합니다.

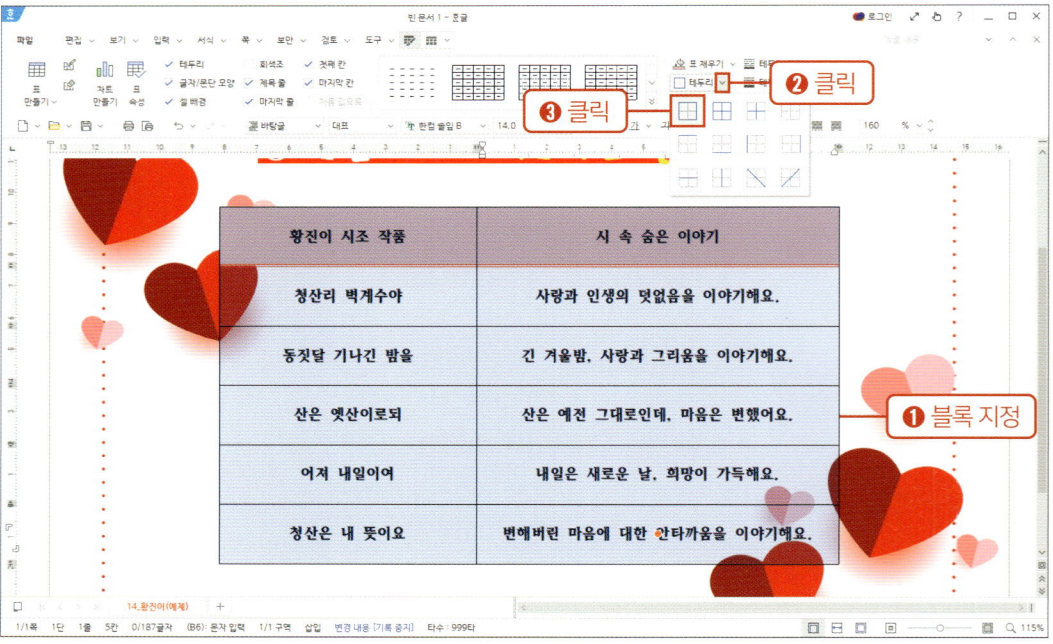

 **미션 3** 셀의 배경색을 그러데이션으로 지정해 보아요.

① 표의 두 번째 줄을 블록 지정한 후 [표 디자인] 탭-[표 채우기]-[다른 채우기]를 클릭합니다.

② [셀 테두리/배경] 대화상자가 나타나면 [배경] 탭-[그러데이션]을 클릭하고 시작 색['주황 (RGB: 255,132,58) 80% 밝게']과 끝 색['하양(RGB: 255,255,255)']을 지정한 후 유형 ('가로', '줄무늬')을 지정하고 [설정] 단추를 클릭합니다.

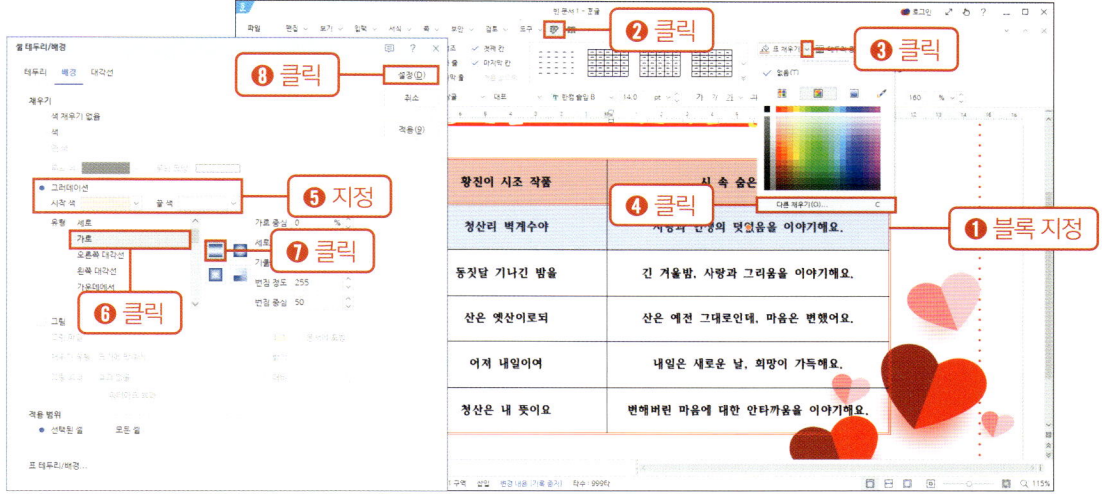

③ 같은 방법으로 나머지 셀에도 그러데이션 효과를 적용해 봅니다.

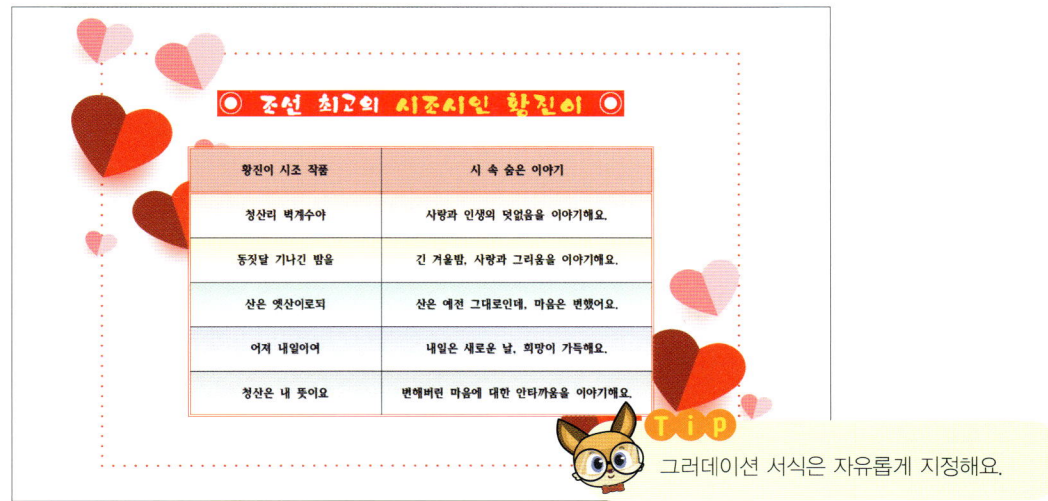

그러데이션 서식은 자유롭게 지정해요.

혼자 할 수 있어요!

• 예제 파일 : 14_논개(예제).hwpx
• 완성 파일 : 14_논개(완성).hwpx

01 예제 파일을 실행하고 그림과 같이 셀 배경색과 그러데이션을 지정해 보세요.

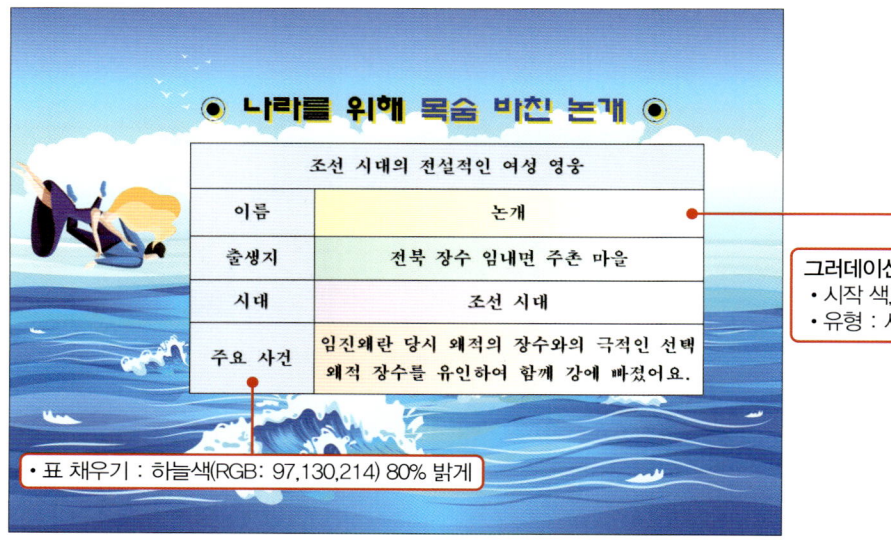

• 표 채우기 : 하늘색(RGB: 97,130,214) 80% 밝게

그러데이션
• 시작 색, 끝 색 : 임의의 색
• 유형 : 세로, 줄무늬

02 테두리 서식을 지정하여 그림과 같이 문서를 완성해 보세요.

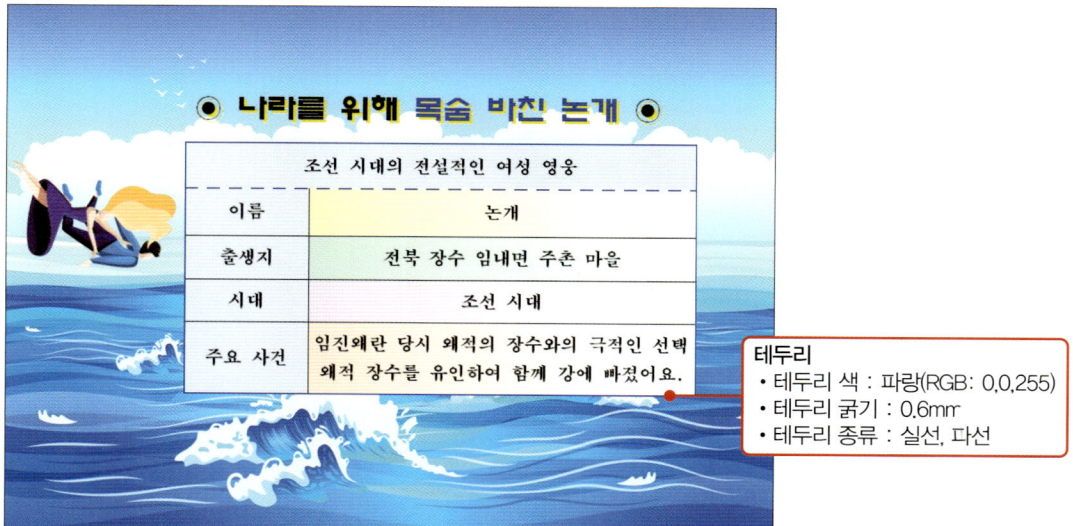

테두리
• 테두리 색 : 파랑(RGB: 0,0,255)
• 테두리 굵기 : 0.6㎜
• 테두리 종류 : 실선, 다선

15 최고의 명필! 한석봉

학습목표
- 여러 개의 셀을 하나로 합쳐요.
- 셀을 여러 개의 줄과 칸으로 나눠요.

▶ 예제 파일 : 15_한석봉(예제).hwpx
▶ 완성 파일 : 15_한석봉(완성).hwpx

톡톡! 한석봉

한석봉은 어려서부터 책과 글씨 쓰기를 좋아했지만 집안이 가난해 서당을 다니기 힘들었어요. 하지만 그의 어머니는 어려운 형편에도 불구하고 아들을 뒷바라지하며 공부를 시켰는데, 불을 끄고 떡 썰기와 글씨 쓰기를 해 솜씨를 비교해 아들에게 깨달음을 주었다는 이야기는 아주 유명한 설화예요. 오늘은 조선 시대 유명한 명필가인 한석봉의 서예교실에 신청하기 위한 신청서를 만들어 볼까요?

미션 1 여러 개의 셀을 하나의 셀로 합쳐 보아요.

① '한글 2022' 프로그램을 실행하고 예제 파일을 불러옵니다. 오른쪽 셀을 블록 지정하고 [표 레이아웃] 탭-[셀 합치기(▦)]를 클릭하여 블록 지정한 셀을 하나의 셀로 합칩니다.

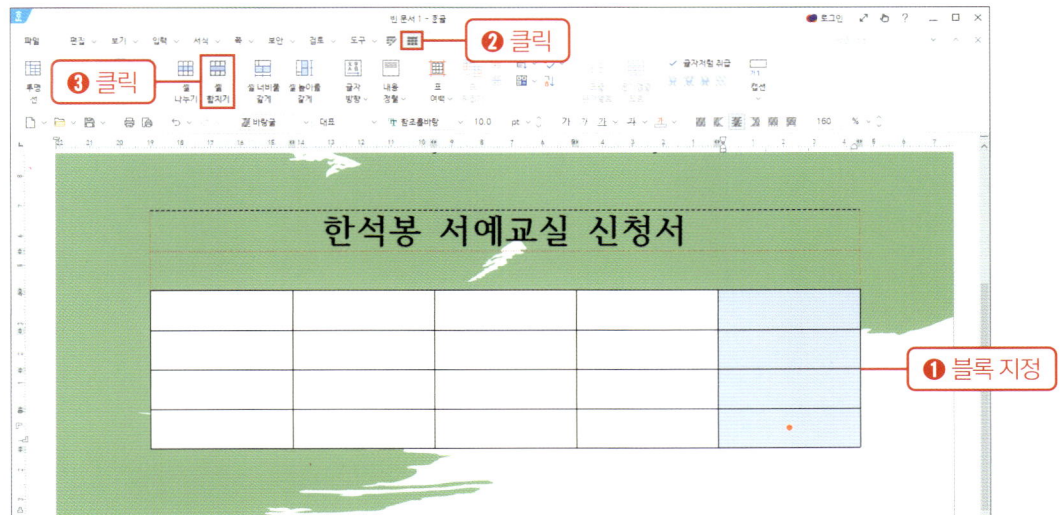

② 그림과 같이 여러 셀을 드래그하여 블록 지정한 후 M을 눌러 블록 지정한 셀을 하나로 합칩니다.

③ 셀이 합쳐지면 그림과 같이 내용을 입력합니다.

> **Tip**
> Alt + Insert 를 누르면 새로운 셀을 추가할 수 있고 Alt + Delete 를 누르면 선택한 셀을 삭제할 수 있어요.

 **미션 2** 셀을 여러 개의 줄과 칸으로 나눠 보아요.

① 그림과 같이 셀을 블록 지정한 후 [표 레이아웃] 탭-[셀 나누기(⊞)]를 클릭하여 [셀 나누기] 대화상자가 나타나면 줄 개수에 체크를 해제하고 칸 개수('2')를 지정한 후 [나누기] 단추를 클릭합니다.

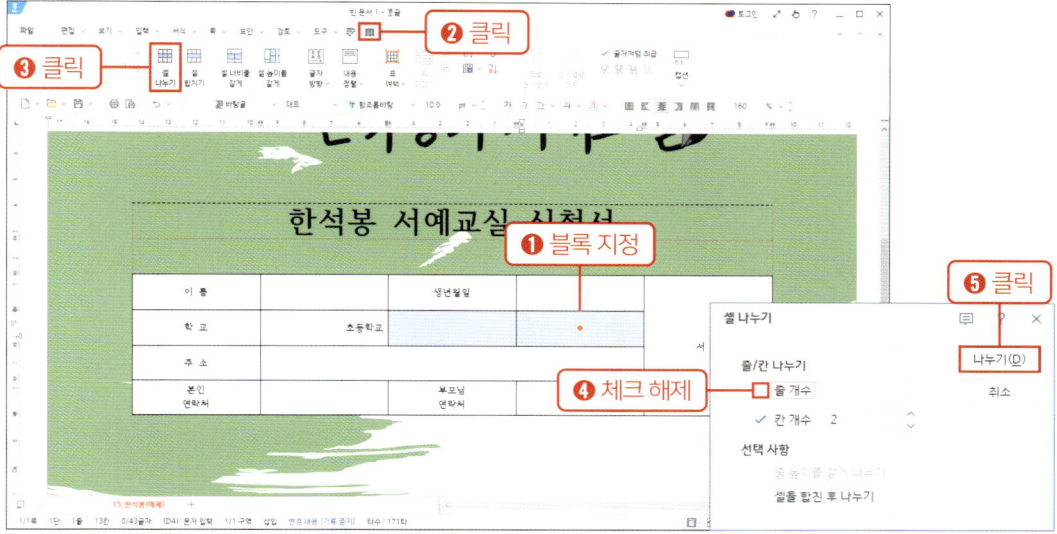

② '부모님 연락처' 오른쪽 셀을 선택하고 [표 레이아웃] 탭-[셀 나누기(⊞)]를 클릭하여 [셀 나누기] 대화상자가 나타나면 줄 개수('2')를 지정하고 칸 개수에 체크를 해제한 후 [나누기] 단추를 클릭합니다.

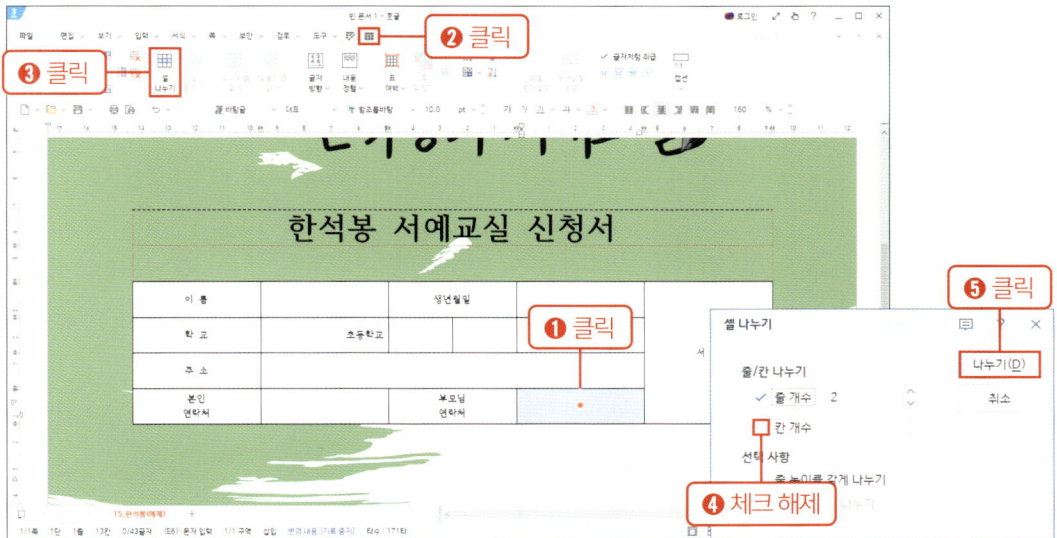

③ '부모님 연락처' 오른쪽 셀 경계선에 마우스 포인터를 가져다 댄 후 마우스 포인터의 모양이 변경되면 Shift 를 누른 상태로 드래그하여 그림과 같이 셀 크기를 조절합니다.

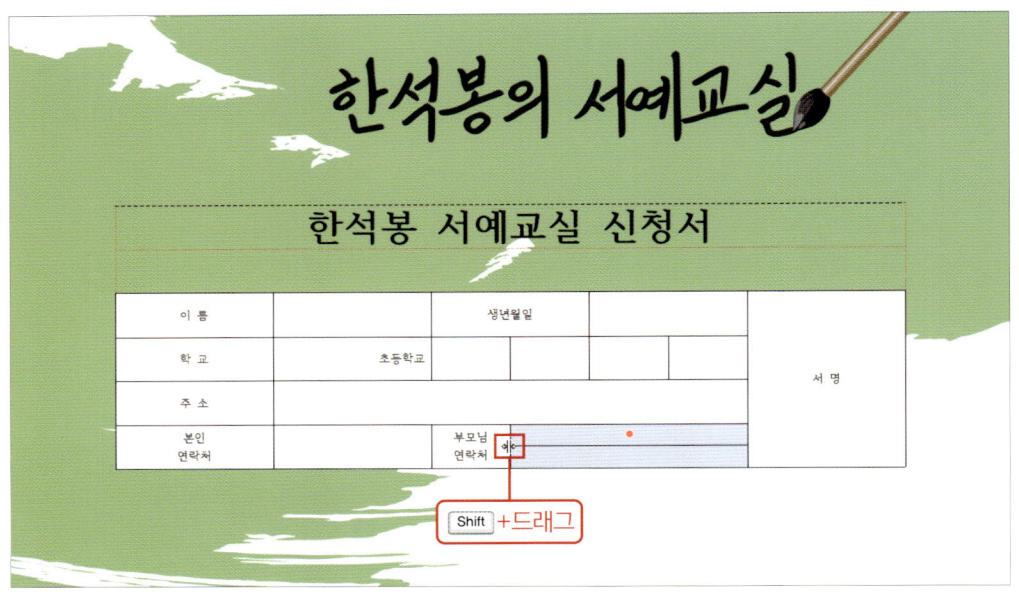

④ 나머지 셀도 Shift 를 누른 상태로 드래그하여 그림과 같이 셀 크기를 변경하고 내용을 입력합니다.

Tip
Shift 를 누른 상태로 셀 크기를 조절하면 표 전체 크기는 고정된 상태에서 셀의 크기만 변경되고, Ctrl 을 누른 상태로 셀 크기를 조절하면 표 전체 크기가 변경돼요.

15  혼자 할 수 있어요!

• 예제 파일 : 15_김정희(예제).hwpx
• 완성 파일 : 15_김정희(완성).hwpx

01 예제 파일을 실행한 후 셀 합치기와 셀 나누기를 이용하여 그림과 같은 문서를 완성해 보세요.

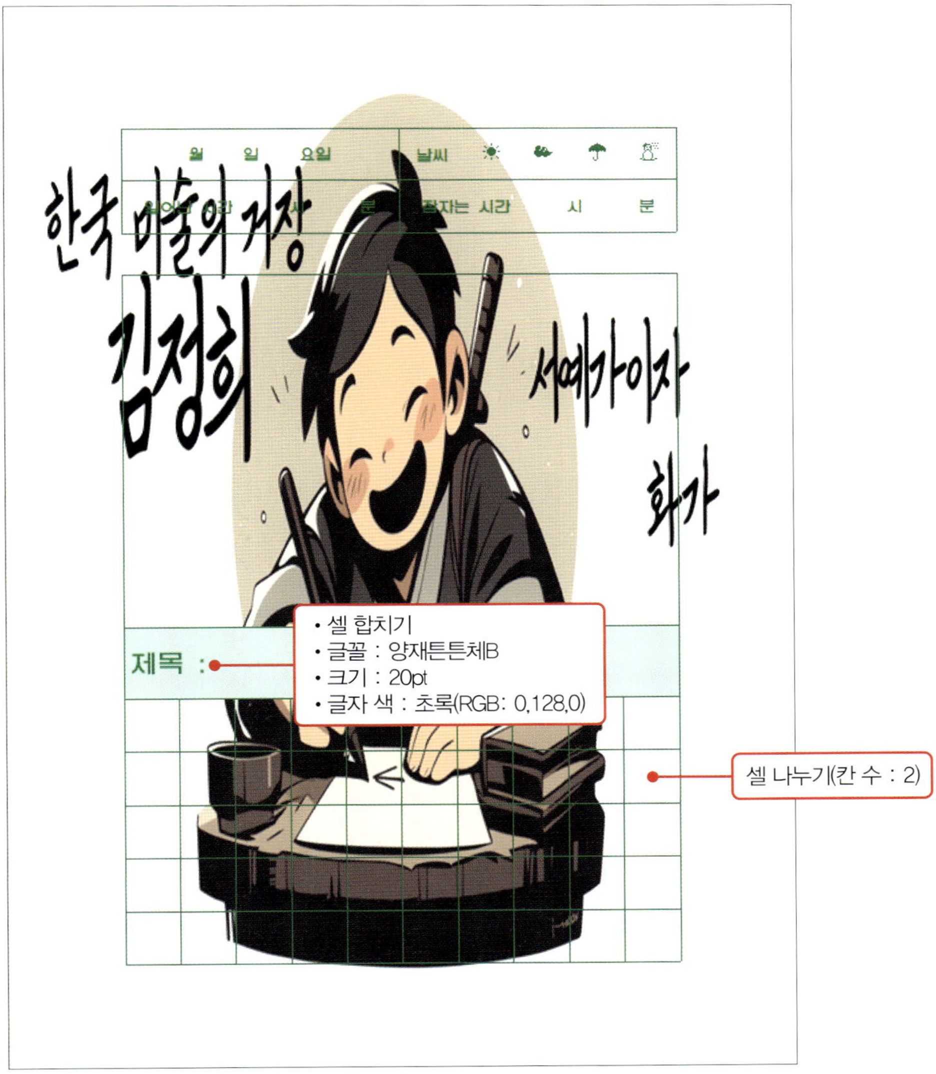

제목 :
- 셀 합치기
- 글꼴 : 양재튼튼체B
- 크기 : 20pt
- 글자 색 : 초록(RGB: 0,128,0)

셀 나누기(칸 수 : 2)

16 김정호의 대동여지도

학습목표
- 쪽 번호를 없애요.
- 머리말/꼬리말을 삽입해요.

▶ 예제 파일 : 16_김정호(예제).hwpx
▶ 완성 파일 : 16_김정호(완성).hwpx

톡톡! 김정호의 대동여지도

김정호는 조선 시대의 저명한 지도 제작가로, 그는 '대동여지도'라는 대규모 지도를 제작하여 한국의 지리적 정보를 체계적으로 정리했어요. 김정호는 직접 여행하며 다양한 정보를 수집하고 이를 바탕으로 이 지도를 그렸어요. 그의 작업은 단순한 지도 제작을 넘어, 한국의 역사와 문화를 이해하는 데 중요한 기초 자료가 되었어요. 오늘은 '대동여지도'라는 엄청난 유산을 남긴 김정호에 대해 알아볼까요?

미션 1 문서에 지정된 쪽 번호를 없애 보아요.

1 '한글 2022' 프로그램을 실행하고 예제 파일을 불러옵니다. [쪽] 탭-[쪽 번호 매기기(□)]를 클릭하여 [쪽 번호 매기기] 대화상자가 나타나면 [쪽 번호 없음]을 클릭하고 [넣기] 단추를 클릭합니다.

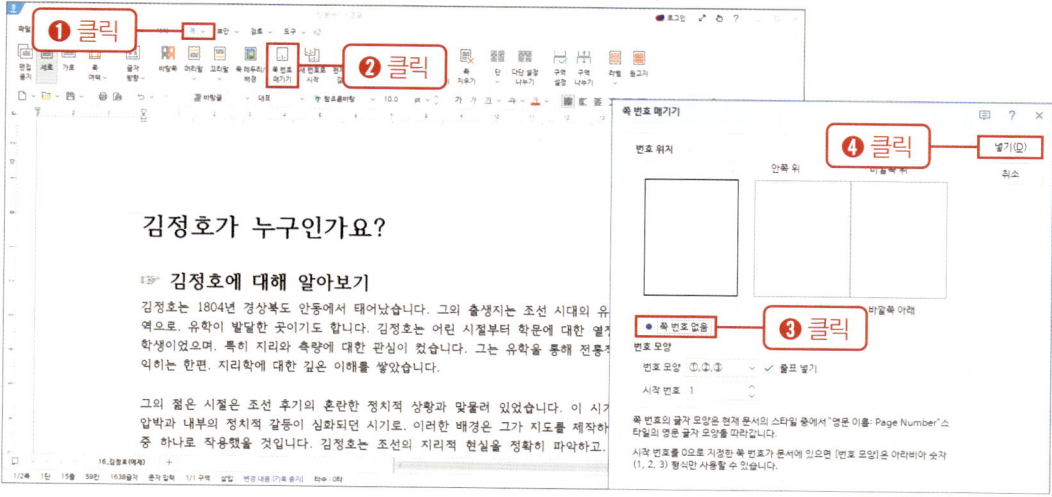

 **머리말과 꼬리말을 지정해 보아요.**

1. 첫 번째 쪽에서 [쪽] 탭-[꼬리말(　)]을 클릭하여 그림과 같이 꼬리말 항목을 선택합니다.

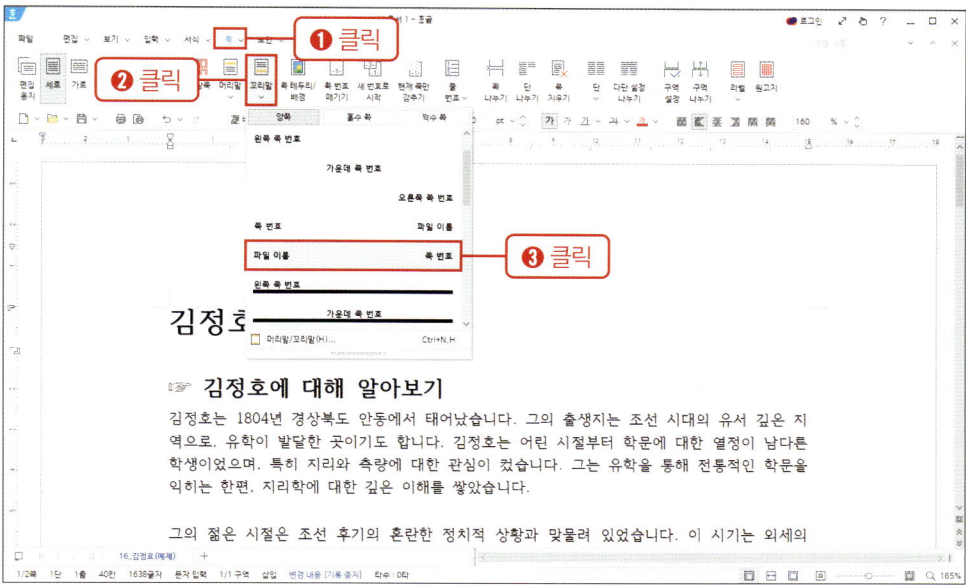

2. [파일] 탭-[미리 보기]를 클릭하고 Page Up 과 Page Down 을 눌러 문서 아래쪽에 꼬리말이 삽입된 것을 확인한 후 [닫기(　)]를 클릭합니다.

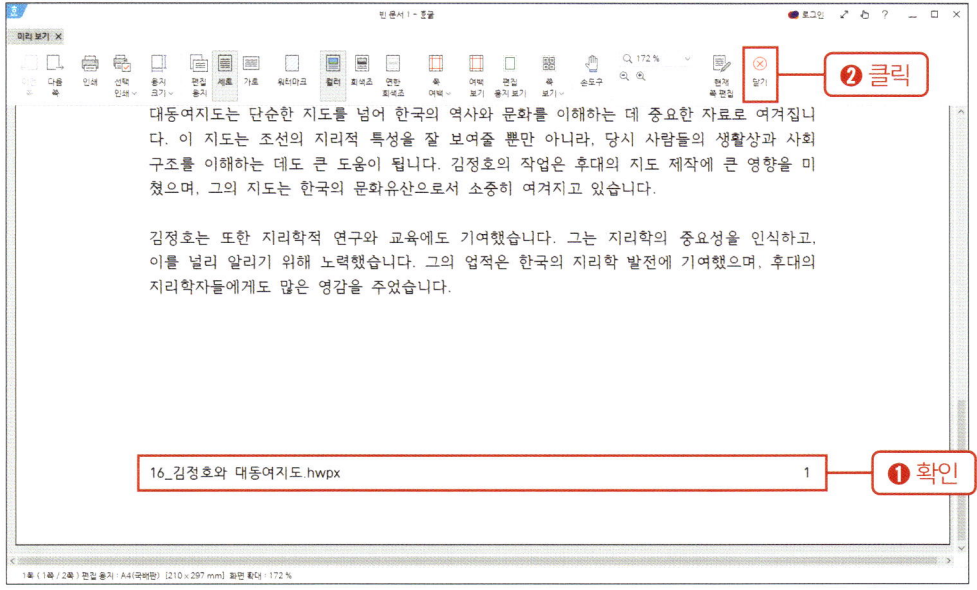

❸ [쪽] 탭–[머리말(📄)]–[머리말/꼬리말]을 클릭하여 [머리말/꼬리말] 대화상자가 나타나면 [종류]에서 '머리말'을 선택한 후 [만들기] 단추를 클릭합니다.

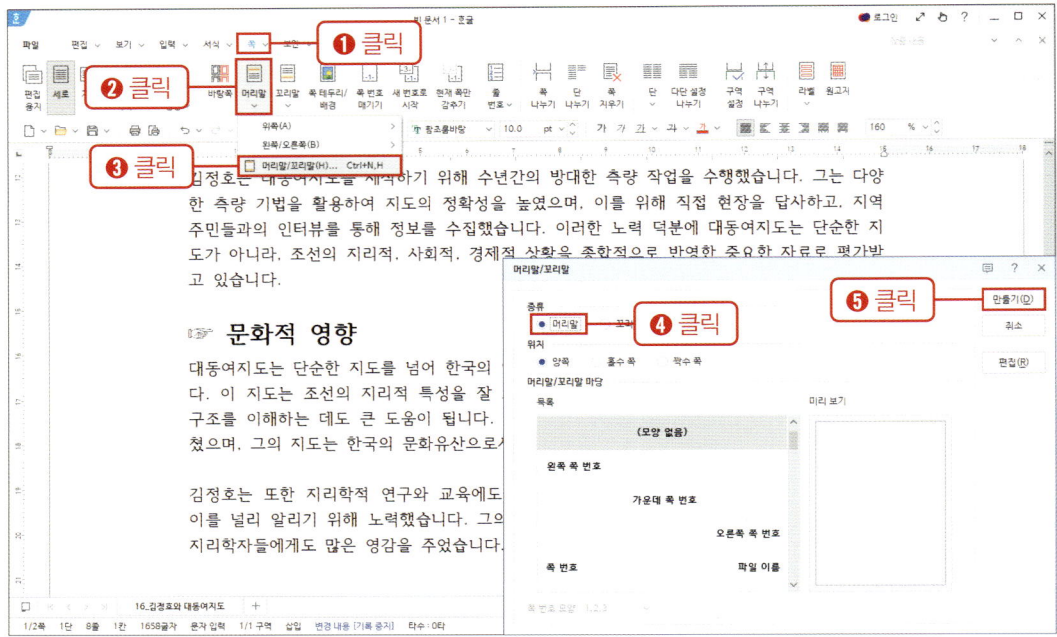

❹ 머리말을 입력할 수 있는 창이 활성화되면 그림과 같이 머리말 내용을 입력하고 글자 서식을 지정한 후 [닫기(⊗)]를 클릭합니다.

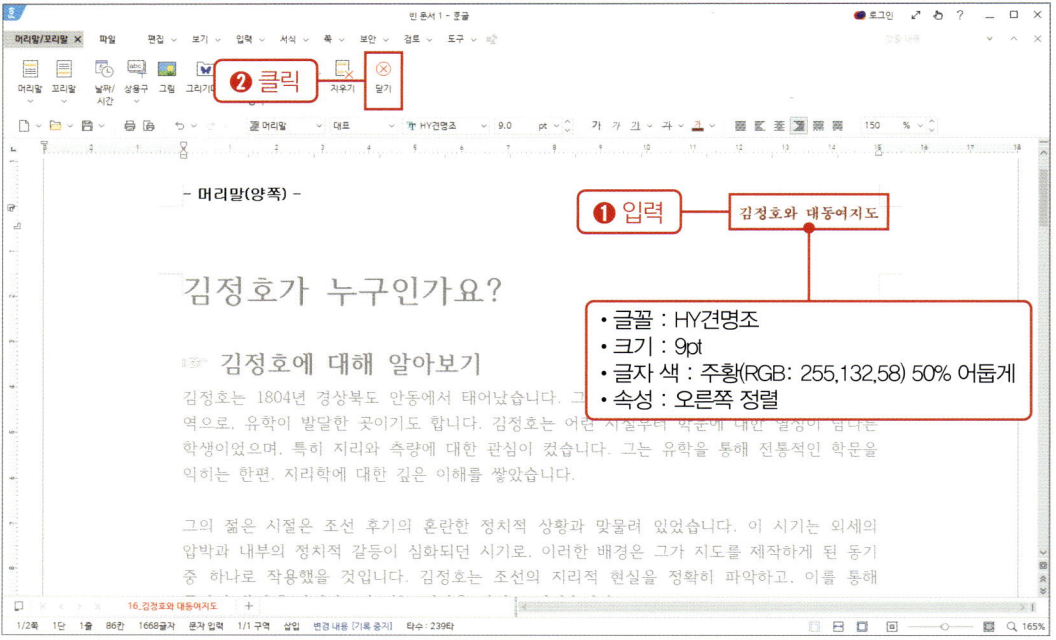

5 [파일] 탭-[미리 보기]를 클릭합니다.

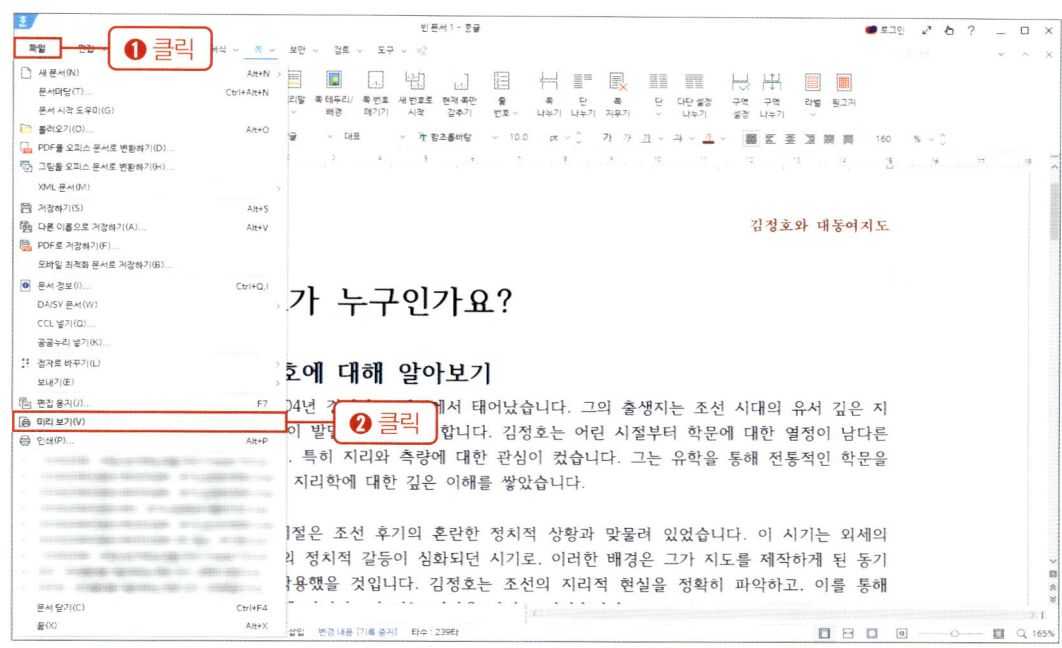

6 [쪽 보기(🔲)]-[여러 쪽]을 클릭하고 '1줄×2칸'을 선택하여 적용된 머리말과 꼬리말을 확인한 후 [닫기(⊗)]를 클릭합니다.

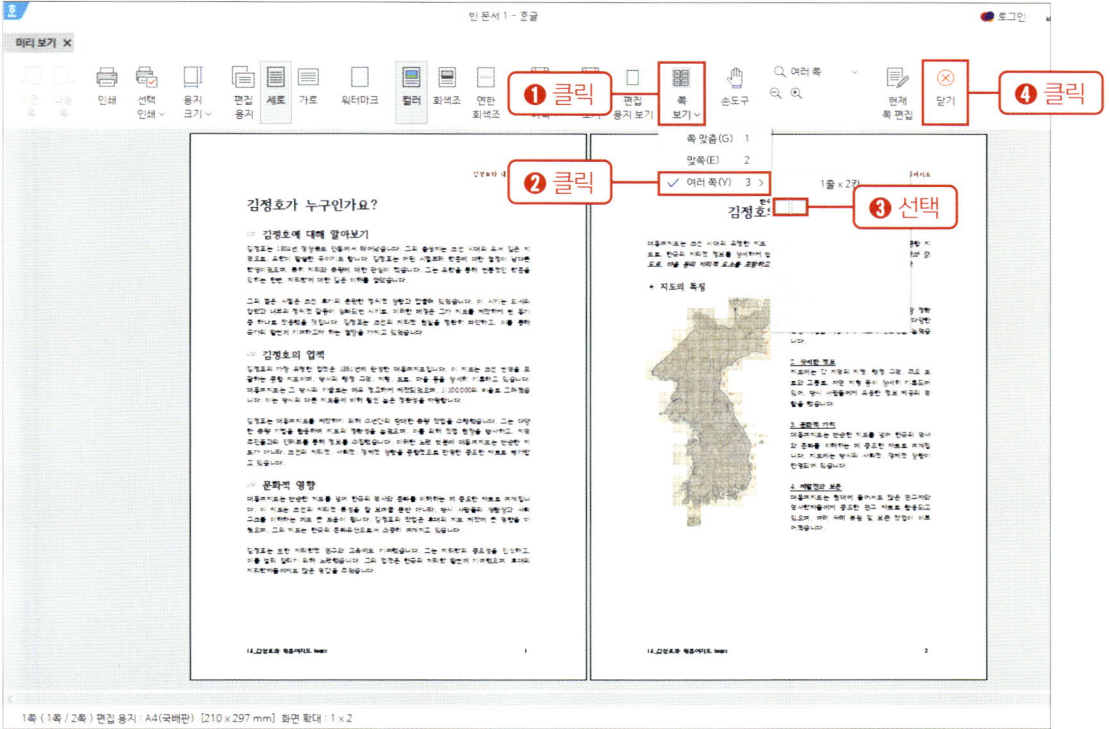

16 혼자 할 수 있어요!

- 예제 파일 : 16_김삿갓(예제).hwpx
- 완성 파일 : 16_김삿갓(완성).hwpx

01 예제 파일을 실행한 후 쪽 번호를 없애고 그림과 같이 쪽 번호와 파일 이름이 표시되도록 꼬리말을 삽입해 보세요.

02 홀수 쪽에 '김삿갓은 누구인가?', 짝수 쪽에 '김삿갓 시 - 내 삿갓' 머리말을 각각 삽입해 보세요.

Hint 머리말의 글자 서식은 자유롭게 지정해 보세요.

솜씨 어때요?

- 예제 파일 : 01_솜씨어때요(예제).hwpx, 의자왕.png
- 완성 파일 : 01_솜씨어때요(완성).hwpx

01 예제 파일을 실행한 후 글상자, 쪽 테두리/배경, 그림 삽입을 이용하여 그림과 같은 문서를 완성해 보세요.

삼천 궁녀 의자왕
내가 백제의 마지막 왕이 되다니...

의자왕은 백제라는 나라의 31대 왕이예요. 그는 641년부터 660년까지 왕으로 통치했어요. 의자왕은 무왕이라는 왕의 아들로 태어났고, <u>백제의 마지막 왕</u>으로 알려져 있어요.

의자왕은 백제의 마지막 왕으로, 그의 통치 기간 동안 많은 궁녀들이 있었어요. 그 중에서도 '삼천 궁녀'라는 말은 의자왕이 많은 궁녀를 두었다는 것을 의미해요.

전해지는 이야기 중 하나에 따르면, 의자왕은 자신의 궁전에서 삼천 명의 궁녀를 두고 있었고, 이들은 왕의 곁에서 살며 왕을 보좌했어요. 그러나 의자왕의 통치 기간 동안 백제는 외적의 침략을 받았고, <u>결국 신라와의 전투에서 패하게 되었어요.</u>

<u>백제가 멸망한 후, 의자왕은 포로로 잡히게 되었고, 그의 궁녀들도 신라에 의해 포로가 되었어요.</u> 이때 삼천 궁녀는 의자왕을 지키기 위해 함께 희생되었다는 이야기가 전해져요.

의자왕과 삼천 궁녀의 이야기는 백제의 역사에서 중요한 위치를 차지하고 있어요. <u>그러나 많은 부분이 전설로 남아 있어요.</u> 의자왕의 통치와 백제의 멸망은 역사적 사실로 확인되지만, 삼천 궁녀의 숫자는 상징적인 의미로 해석될 수 있어요.

가로 글상자
- 선 종류 : 없음
- 면 색 : 빨강(RGB: 255,0,0)
- 글꼴 : 한컴 솔잎M
- 크기 : 24pt
- 글자 색 : 임의의 색
- 속성 : 가운데 정렬

그림 삽입
- 그림 : 의자왕.png
- 본문과의 배치 : 어울림

- 글꼴 : 함초롬바탕
- 크기 : 14pt
- 글자 색 : 임의의 색
- 속성 : 진하게, 밑줄

테두리
- 종류 : 실선
- 굵기 : 0.7mm
- 색 : 빨강(RGB: 255,0,0)

02 솜씨 어때요?

• 예제 파일 : 02_솜씨어때요(예제).hwpx
• 완성 파일 : 02_솜씨어때요(완성).hwpx

01 예제 파일을 실행한 후 문단 첫 글자 장식과 글상자를 이용하여 그림과 같은 문서를 완성해 보세요.

70대에 전쟁터 처음 나선 강감찬이, 어떻게 영웅이 됐을까?

강감찬(姜邯贊, 948-1031)은 '고려의 이순신'으로 불리며, 고려-거란 전쟁에서 귀주대첩(1019)에서 거란군을 섬멸하여 고려를 구한 구국의 영웅이예요. 그러나 그의 대표적인 전공인 귀주대첩 덕분에 '장군'의 이미지가 강한 그는 사실 문관 출신으로, 70세가 넘어서야 처음으로 전장에 나선 '초보 장군'이었어요. 사서에는 강감찬의 외모를 '체모왜루(體貌矮陋)'라고 기록하고 있어. 그의 체격이 작고 외모가 볼품없었다고 전해저요.

그러나!!
그는 뛰어난 능력과 청렴한 인품을 지닌 인물로. 젊은 시절부터 학문을 좋아하고 기발한 지략을 갖춘 인물로 평가받고있어요.

탁월한 지략   청렴한 인품

결단력   용기

- 글꼴 : 한컴 바겐세일 B
- 크기 : 16pt
- 글자 색 : 파랑(RGB: 0,0,255)
- 속성 : 그림자, 강조점

문단 첫 글자 장식
- 글꼴 : HY동녘B
- 글자 색 : 초록(RGB: 0,128,0)
- 모양 : 2줄
- 선 종류 : 점선
- 선 굵기 : 0.5mm
- 선 색 : 보라(RGB: 128,0,128)

- 글꼴 : 함초롬바탕
- 크기 : 12pt
- 글자 색 : 임의의 색
- 속성 : 진하게, 밑줄

가로 글상자
- 선 종류 : 실선
- 선 굵기 : 5mm
- 선 색 : 임의의 색
- 사각형 모서리 곡률 : 둥근 모양
- 글꼴 : 함초롬바탕
- 크기 : 20pt
- 속성 : 진하게, 가운데 정렬

03 솜씨 어때요?

- 예제 파일 : 최영.jpg
- 완성 파일 : 03_솜씨어때요(완성).hwpx

01 새 문서를 실행한 후 글상자와 그림 삽입을 이용하여 그림과 같은 문서를 완성해 보세요.

가로 글상자
- 면 색 : 주황(RGB: 255,132,58) 80% 밝게
- 선 종류 : 없음
- 글꼴 : 한컴 윤체 B
- 크기 : 20pt
- 글자 색 : 주황(RGB: 255,132,58) 50% 어둡게
- 속성 : 그림자, 가운데 정렬

그림 삽입
- 그림 : 최영.jpg
- 본문과의 배치 : 글 앞으로

가로 글상자
- 면 색 : 보라(RGB: 157,92,187) 80% 밝게
- 선 종류 : 없음
- 글꼴 : 한컴 윤체 B
- 크기 : 18pt
- 글자 색 : 임의의 색
- 속성 : 그림자, 가운데 정렬

가로 글상자
- 색 채우기 없음
- 선 종류 : 없음
- 글꼴 : 한컴 윤체 B
- 크기 : 24pt
- 글자 색 : 빨강(RGB: 255,0,0)
- 속성 : 밑줄, 가운데 정렬

04 솜씨 어때요?

- 예제 파일 : 정조.jpg
- 완성 파일 : 04_솜씨어때요(완성).hwpx

01 새 문서를 실행한 후 글맵시와 그림 삽입, 그리기마당을 이용하여 그림과 같은 문서를 완성해 보세요.

글맵시
- 글꼴 : 한컴 윤체 B
- 글맵시 스타일 : 채우기-초록색/진한 청록색 그러데이션, 남색 그림자, 아래로 넓은 원통 모양
- 글맵시 모양 : 갈매기형 수장

그림 삽입
- 그림 : 정조.jpg
- 위치 : 글자처럼 취급

그리기마당
- 그리기 조각 : '말풍선' 검색
- 속성 : 가운데 정렬

솜씨 어때요?

- 예제 파일 : 퇴계이황.png
- 완성 파일 : 05_솜씨어때요(완성).hwpx

01 새 문서를 실행한 후 글맵시와 그림 삽입, 표를 이용하여 그림과 같은 문서를 완성해 보세요.

그림 삽입
- 그림 : 퇴계이황.png
- 본문과의 배치 : 글 뒤로

글맵시
- 글꼴 : 한컴 윤고딕 250
- 글맵시 스타일 : 채우기-자주색 그러데이션, 회색 그림자, 직사각형 모양

★ 인생에서 가장 중요한 것은 자기 자신을 찾는 것이다. (퇴계이황)

NO	작성일	목표	기한	달성일
1				
2				
3				
4				
5				
6				
7				
8				
9				
10				

- 글꼴 : 함초롬바탕
- 크기 : 12pt
- 속성 : 진하게, 가운데 정렬

- 표 채우기 : 보라(RGB: 157,92,187) 80% 밝게
- 테두리 종류 : 실선
- 테두리 굵기 : 0.7mm
- 테두리 : 바깥쪽 테두리

솜씨 어때요? **93**

06 솜씨 어때요?

- 예제 파일 : 06_솜씨어때요(예제).hwpx
- 완성 파일 : 06_솜씨어때요(완성).hwpx

 예제 파일을 실행한 후 문자표와 글자 겹치기를 이용하여 그림과 같은 문서를 완성해 보세요.

글꼴 설정 (제목):
- 글꼴 : 함초롬돋움
- 크기 : 20pt
- 글자 색 : 파랑(RGB: 0,0,255)
- 속성 : 진하게, 가운데 정렬

암행어사 박문수 출두요!

암행어사가 되어 부패한 관리들을 처벌해 보세요.

부제 설정:
- 글꼴 : 함초롬바탕
- 크기 : 14pt
- 속성 : 밑줄, 가운데 정렬

부정 세금 징수	백성들에게 세금을 정당하게 환급받도록 돕는다.
밀수 사건 조사	밀수업자들을 검거하여 마을의 안전을 지킨다.
폭로	관리의 불법 행위를 밝혀내어 토지를 되찾도록 돕는다.
사건	관리의 부정을 세상에 알린다.
부정 청탁	관리의 비리를 폭로하고, 공정한 계약을 이끌어낸다.
부패한 재판	주민들의 지지를 받아 부정한 관리의 퇴진을 이끌어낸다.
정 선거	비리를 폭로하고, 안전한 공사를 이끌어낸다.
사 비리	증거를 수집하여 공정한 재판을 이끌어낸다.
사기 사건	문서의 진위를 확인하고, 피해자들을 돕기 위해 법적 절차를 진행한다.

왼쪽 열 면 설정:
- 면 색 : 주황(RGB: 255,132,58) 80% 밝게
- 선 종류 : 없음
- 글꼴 : 함초롬바탕
- 크기 : 16pt
- 속성 : 진하게, 가운데 정렬

오른쪽 열 면 설정:
- 면 색 : 초록(RGB: 40,155,110) 80% 밝게
- 선 종류 : 없음
- 글꼴 : 함초롬바탕
- 크기 : 16pt
- 속성 : 진하게

글자 겹치기:
- 글꼴 : 함초롬바탕
- 크기 : 32pt
- 글자 색 : 임의의 색
- 속성 : 진하게, 가운데 정렬

Hint
겹치기 종류를 '테두리 없음'으로 지정하고 [모양 안에 글자 겹치기]에 체크해 보세요.

07  솜씨 어때요?

- 예제 파일 : 07_솜씨어때요(예제).hwpx
- 완성 파일 : 07_솜씨어때요(완성).hwpx

01 예제 파일을 실행한 후 글자 모양과 문단 모양, 그리기마당을 이용하여 그림과 같은 문서를 완성해 보세요.

♡ 한의학의 마법사, 허준을 만나다! ♡

왕을 치료한 이야기- 허준은 조선 시대의 유명한 의사였어요. 어느 날, 왕이 아프게 되었는데, 다른 의사들이 치료를 못했어요. 하지만 허준은 왕의 병을 잘 진단하고 치료해서 왕이 건강해졌어요. 그래서 왕이 허준을 아주 믿게 되었답니다.

《동의보감》 만들기- 허준은 《동의보감》이라는 책을 썼어요. 이 책은 한의학에 대한 중요한 정보가 가득해요. 허준은 여러 의서와 자료를 읽고, 자신의 경험을 바탕으로 많은 치료법을 정리했어요. 그래서 이 책은 지금도 많은 사람들이 참고하고 있어요.

제자 가르치기- 허준은 많은 제자들을 가르쳤어요. 그는 제자들에게 의학 지식뿐만 아니라, 환자를 잘 대하는 방법도 가르쳤어요. 그의 제자들은 나중에 훌륭한 의사가 되어 허준의 가르침을 이어갔답니다.

자기 건강 챙기기- 허준은 자신도 건강을 잘 챙겼어요. 그는 한방 치료법을 사용해 스스로 아플 때 치료했어요. 그래서 그는 의사로서의 전문성을 잘 보여줬어요.

가난한 사람 도와주기- 허준은 왕실 의사로 일하면서도 가난한 사람들을 도와주었어요. 그는 무료로 진료를 하거나 약을 나누어 주었답니다. 이렇게 그는 사람들을 사랑하고 도와주는 마음이 컸어요.

- 글꼴 : 함초롬바탕
- 크기 : 20pt
- 글자 색 : 임의의 색
- 속성 : 진하게, 강조점, 가운데 정렬

- 글꼴 : 함초롬바탕
- 크기 : 13pt
- 글자 색 : 임의의 색
- 속성 : 진하게

문단 모양
- 테두리/배경 : 임의 지정
- 간격 : 왼쪽, 오른쪽, 위쪽, 아래쪽 2.00mm

Hint
[그리기마당]-[한컴 애셋] 창에서 여러 동물 캐릭터를 삽입해 보세요.

08 솜씨 어때요?

- 예제 파일 : 김구.jpg
- 완성 파일 : 08_솜씨어때요(완성).hwpx

01 새 문서를 실행한 후 편집 용지를 '가로'로 설정하고 그림과 같이 글맵시를 삽입해 보세요.

글맵시
- 글꼴 : 한컴 윤고딕 250
- 글맵시 스타일 : 채우기-회색 그러데이션, 연보라색 그림자, 아래쪽 리본 사각형 모양

02 글상자와 도형을 이용하여 그림과 같은 문서를 완성해 보세요.

'타원' 도형
- 채우기 : 김구.jpg
- 그림 효과 : 회색조
- 선 종류 : 원형 점선
- 선 굵기 : 1.5mm

가로 글상자
- 색 채우기 없음
- 선 종류 : 얇고 굵은 이중선
- 선 굵기 : 1.5mm
- 글꼴 : 함초롬바탕
- 크기 : 16, 18pt
- 속성 : 진하게, 가운데 정렬

초등 전과목
디지털학습 플랫폼

디지털 초크

첫 달 100원
무제한 스터디밍

지금 신규 가입하면
첫 달 ~~9,500원~~ → 100원!

**초등 전과목
교과 학습**

**AI 문해력
강화 솔루션**

**AI 수학 실력
향상 프로그램**

**웹툰으로 만나는
학습 만화**

초중고 교과서 발행 부수 1위 기업 MiraeN

초등 전과목
디지털학습 플랫폼

디지털

첫 달 100원
무제한 스터디밍

지금 신규 가입하면
첫 달 ~~9,500원~~ → 100원!

초등 전과목 교과 학습	AI 문해력 강화 솔루션	AI 수학 실력 향상 프로그램	웹툰으로 만나는 학습 만화

초중고 교과서 발행 부수 1위 기업 MiraeN